AF315005

# NOS UTOPIES

## POLITIQUES ET SOCIALISTES

## DEVANT LE SENS COMMUN

OU

## NOS CAHIERS EN 1889

### PAR JOSEPH PERROT

*Disciple de* PROUDHON

> Le peuple a soif de justice,
> il en est toujours affamé.
>
> CHATEAUBRIAND.

**PARIS**

**AUGUSTE GHIO, ÉDITEUR**

PALAIS-ROYAL, 1, 3, 5 ET 7, GALERIE D'ORLÉANS

—

1889

# NOS UTOPIES

POLITIQUES ET SOCIALISTES

## DEVANT LE SENS COMMUN

# NOS UTOPIES

POLITIQUES ET SOCIALISTES

## DEVANT LE SENS COMMUN

OU

## NOS CAHIERS EN 1889

PAR JOSEPH PERROT

*Disciple de* PROUDHON

> Le peuple a soif de justice,
> il en est toujours affamé.
>
> CHATEAUBRIAND.

PARIS

## AUGUSTE GHIO, ÉDITEUR

PALAIS-ROYAL, 1, 3, 5 ET 7, GALERIE D'ORLÉANS

—

1889

# Aux Démocrates Socialistes!

————

Citoyens,

La Révolution, en détruisant l'ancien régime, n'a pas fondé le nouveau. En proclamant la liberté du travail, elle ne l'a pas définie. Elle ne sut qu'organiser le gouvernement ; et du manque d'institutions économiques, d'intérêts communs, les forces de la production sont en antagonisme et en voie de désorganisation. Les abus qu'on croyait détruits nous menacent d'un nouveau cataclysme.

Des manifestations contradictoires et con-fuses, dans la politique, l'économie et la morale,

nous montrent les bases de la civilisation insuffisantes, et la société, dans un état de transformation marchant vers un terme inconnu. Dans
cet état transitoire, l'esprit collectif n'existe
plus; nous sommes une agglomération d'indivi-
dualités sans cohésion, et étrangers aux sentiments de solidarité sociale qui constituent la
force d'une nation et la rendent invincible.

Dans la confusion des idées, nous avons la
certitude que les moyens pratiques de politique,
d'économie sociale et de morale font défaut à
nos éclaireurs, lesquels posent toujours en principe ce qui fait l'objet de la question. — Nous
dire qu'il faut supprimer le paupérisme, voilà
la question : c'est comme celle d'un bon gouvernement, ou l'établissement du communisme,
etc. Mais on est muet sur les moyens pratiques
qui doivent servir à résoudre ces idées. —
Hormis la critique des abus qui porte juste, on
peut dire que le seul moyen que les partis con-
çoivent encore de l'organisation sociale procède, comme par le passé, de la force et de l'initiative de l'autorité, ou encore de l'anarchie de
la liberté. Mais on oublie que les gouvernements les plus populaires ou les plus violents

peuvent bien modifier les constitutions politiques, mais qu'ils sont impuissants pour opérer des réformes économiques si l'opinion n'est pas mûre pour les recevoir, et qu'avec la liberté pure les intérêts s'entredétruisent. L'autorité est gardienne de l'ordre mais ne le crée pas : la liberté non plus ne suffit pas pour l'établir. L'ordre résulte de la balance des forces de la production, de la réciprocité des services, et de la pondération de l'autorité et de la liberté. Voilà ce qui n'existe pas, et ce qu'on ne veut pas.

Les partis politiques avancés et autoritaires reconnaissent que la liberté économique actuelle est anarchique, et ils la nient, sans reconnaître que chez l'homme, la liberté étant de nature transactionnelle, on peut, par des conventions, la pondérer ; et par des institutions d'intérêt commun, équilibrer la liberté du travail et la garantir à chacun. Mais il nous faut ajouter qu'une constitution économique est indispensable, afin de définir cette liberté, d'en déterminer l'action, en établissant le rapport commutatif ou réciproque du capitaliste entrepreneur avec le travail, c'est-à-dire reconnaître l'équipondérance de toutes les forces de la production.

C'est cette idée nécessaire d'un ordre économique dont Royer-Collard s'inspirait quand, en 1821, il reprochait à la Charte de n'avoir organisé que le gouvernement, et d'avoir laissé la société en poussière. Ce reproche peut s'adresser à tous les pouvoirs qui se sont succédé depuis 89, et c'est là ce qui nous donne la raison de leur impopularité et de leur instabilité. La société féodale avait une organisation économique hiérarchisée sur les privilèges. La société issue de la Révolution n'a d'organisation que par l'anarchie de la liberté économique.

Malencontreux politiciens, ce que nous avons à faire n'est pas de remanier incessamment et sans résultat nos constitutions politiques. Il faut cesser d'escamoter la souveraineté du peuple en créant le SELF-GOVERNMENT, reviser notre code en formant *ad hoc* une Convention économique composée, non pas de représentants politiques, mais de délégués des syndicats des diverses corporations formant pour ainsi dire les Etats-Généraux du travail, afin de créer une constitution économique et de l'imprégner de l'esprit

commutatif de justice et de solidarité qui manque à notre code, et soumettre les délibérations
de cette Convention au Conseil national de législation afin d'en établir la formule, puis d'en
présenter la ratification au vote populaire, ainsi
qu'il se pratique en Suisse. Voici donc, exposé
en quelques lignes, le programme que nous allons développer dans cet ouvrage à l'aide de
faits irréfutables reposant sur l'expérience, la
justice, la conscience et la liberté.

EN ÉCONOMIE SOCIALE LA LOGIQUE ORDINAIRE
NOUS DIVISE.

Dans la politique, dans l'économie sociale
comme dans la polémique, nous admettons que
la bonne foi, la volonté de bien faire, sont le but
commun de tous les partis. Pourquoi alors som-
mes-nous divisés et que l'unité ne s'opère pas?

D'après la logique ordinaire, il est admis
qu'une proposition étant démontrée fausse, la
proposition contraire est vraie. C'est ainsi que
nous raisonnons pour la politique et pour l'économie sociale. Nous allons voir ici que rien n'est
plus faux.

Dans la société, chaque loi économique contient une contre-loi (une contradiction) que le

mouvement de la liberté fait ressortir. Ainsi, le principe de propriété qui est la garantie de la liberté du travail devient contradictoire par la liberté indéfinie d'appropriation qui produit l'accaparement et l'exclusion. Or, au nom de la liberté, la logique affirme d'un côté le droit de propriété, et de l'autre elle le nie, parce qu'il devient exclusif et contraire à la liberté même ; tel est l'esprit du communisme. C'est donc la logique qui nous divise et, nous rendant exclusifs, intolérants, crée le doctrinarisme et les sectes. Nous verrons que la méthode qui peut seule en finir avec nos contradictions, n'est pas un principe de logique ordinaire ni d'autorité, mais un principe de pondération des forces économiques : une balance.

Disons maintenant que l'anarchie est l'affirmation de toutes les libertés et la négation de l'autorité. Le communisme, au contraire, est la négation de toutes les libertés, et l'affirmation la plus haute de l'autorité. Le plus intéressant est que la politique rapproche les partis, ce qui ferait croire que les anarchistes sont communistes et *vice versâ*. Cette contradiction nous fait voir qu'on ne réclame la liberté et l'autorité,

que pour s'emparer du pouvoir, quitte après,
pour l'exercer arbitrairement, à se mettre d'accord à coups de fusil. Voilà la conséquence de
l'unité des partis politiques.

D'autre part, le peuple désillusionné voit par
expérience l'impuissance finale du parlementarisme actuel. Pense-t-il refaire une troisième
édition de la Commune politique, et par la dictature des tribuns, appuyés des sections armées,
renouveler les luttes entre l'Assemblée nationale
et le peuple de Paris ? Dans cette conjoncture,
les meneurs de tous les partis flattent la masse
et pensent la faire revenir à son « vomissement »
en acclamant le tribun, le dictateur ou le souverain de leur choix. Nous pensons qu'il n'en
sera pas ainsi et que le parti ouvrier, se méfiant
de l'ambition des tribuns et de tous les politiciens, a compris que désormais son salut ne
dépend plus que de lui, en organisant la liberté
du travail, par la balance des forces de la production.

En jetant un regard rétrospectif sur la marche du progrès, l'observateur reconnaît que le
droit individuel et naturel ne se réalise pas également pour tous au même instant, mais qu'il se

forme aussitôt que les diverses classes de la société ont, par leur capacité économique, acquis le sentiment de leur force et de leur liberté. Ainsi, les premiers qui s'affranchirent de l'état de nature pour vivre en société, s'approprièrent le sol, se garantirent leur droit et leur liberté par la force, en formant une classe de guerriers et de nobles, constituant ainsi une force de collectivité défensive et offensive, une puissance de domination et de conservation contre la masse.

Mais l'humanité est évolutive, le despotisme et la force ne sont pas son dernier mot. Du sein des opprimés surgira une classe nouvelle. Exemple : Le Tiers Etat, ayant développé son génie par une préparation laborieuse et pénible, s'est émancipé, proclamant la liberté du travail, mais sans la définir ; il détruisit les droits seigneuriaux, s'incorpora la noblesse, créa des lois relativement libérales, mais établissant encore à son profit des privilèges, de nouvelles exclusions. Les exclus sont encore le « million », la masse du prolétariat, laquelle doit s'émanciper à son tour et opérer la fusion des classes.

Ceci nous amène à dire que la société est comparable aux sociétés individuelles et commerciales qui s'établissent par des contrats et se contrôlent par la *comptabilité*. Les lois, dans les sociétés humaines, sont comme les conventions entre particuliers : elles ne doivent contenir aucune clause léonine, sous peine d'annulation. Tel est l'esprit de la Révolution. A nous, prolétaires, il appartient de regarder dans cette comptabilité, et s'il y a erreur et que le contrat renferme quelque chose de léonin, c'est à nous de dénoncer le traité et de le réformer.

Chose digne de remarque, c'est dans la classe des artisans que la liberté du travail a amené chaque corporation à établir librement la valeur de leur travail ou de leurs produits en en donnant la garantie par le dépôt de leurs tarifs, lesquels servent de base à tous les devis, et de sécurité à tous les intérêts engagés. D'autre part, dans l'industrie, le commerce et la propriété, la liberté du travail et d'appropriation est restée sous les auspices du code anarchique, agioteuse et accapareuse, négative de l'esprit de justice commutative, en répugnant à toute *règlementation de réciprocité*.

Or, l'artisan ayant devancé par la pratique de la proportionnalité de la valeur de ses produits, l'esprit arriéré de notre code et de la législation qui s'en inspire, il est urgent de les réformer, afin de mettre la loi écrite d'accord avec le mouvement naturel de la liberté et de l'organisation commutative du travail. Nous espérons montrer, d'après l'exemple des artisans, la possibilité d'établir le principe de rigidité dans le travail collectif, l'exploitation des services publics, l'industrie, le commerce et la finance.

On nous dit : introduire l'esprit rigide de réciprocité dans le commerce, l'industrie et la finance, c'est porter atteinte à la liberté. Nous demandons : tout peut-il être libre ? La liberté sans réciprocité dans l'échange et le travail, c'est l'antagonisme et la lutte des intérêts. Pondérer les intérêts par eux-mêmes, en déterminant la valeur des services, c'est justifier la liberté du travail en l'élevant à son maximum de puissance. Il n'y a que le travail à la ROBERT MACAIRE qui répugne à la réciprocité. Mais, en fin de compte, il se règlemente toujours par la police correctionnelle, le garde-chiourme et le gendarme.

Maintenant, on opposera sans doute à ces idées notre insuffisance pour les résoudre. Cela, je le reconnais et me rends sur mon infirmité, mais qu'on dise qu'ils sont impraticables, je répondrais que le sentiment de la justice peut seul en faciliter la compréhension et l'application.

La classe des artisans est notre point de repère, et nous pensons qu'elle sera la pierre d'attente de la Révolution contre laquelle viendront se briser toutes les formes du despotisme. Bientôt elle ralliera les diverses fractions du travail et constituera d'une façon invincible l'*unité* du parti ouvrier, sur les bases de la réciprocité, afin d'expurger de la production l'esprit parasite et agioteur, lequel affecte même jusqu'aux œuvres de l'esprit.

Nous ne prétendons pas à l'originalité, c'est en nous inspirant de la liberté du travail, et comme vulgarisateur des idées de P.-J. Proudhon, que nous essayons de formuler quelques notions de justice commutative appliquées à l'économie sociale, de laquelle le monde du travail s'inspire de plus en plus, en opposition à la justice distributive, sur laquelle repose l'exploitation capitaliste, gouvernementale, communiste ou autoritaire.

Salut et liberté.

Joseph Perrot.

Vendeuvre-sur-Barse (Aube), 1889.

# PREMIÈRE PARTIE

## Définition des principes
## sur lesquels repose l'économie sociale

---

## CHAPITRE PREMIER

### LE SPHINX MODERNE.

---

Dans un ouvrage dont le but est de porter à
la réflexion, nous avons cru faciliter la compréhension en définissant à bâtons rompus les
principes qui ont servi à en établir la synthèse,
et ses principes seront, pour le lecteur attentif,
autant de points de repère où, au cas de doute, il
pourra, avant de conclure, reporter son attention.
Ce système a encore un avantage, c'est qu'il offre
à ceux qui ne pourraient pas suivre d'un trait la

lecture de ce travail, de leur fournir des arguments dont ils pourront tirer profit.

Pour acquérir la certitude de nouvelles idées sur un sujet d'investigation, il nous faut savoir douter méthodiquement pour un instant de celles que nous avons déjà acquises, afin de les contrôler, de les élucider pour les consolider ou les rejeter. L'homme à l'esprit prompt, aux réparties subtiles, est quelquefois incapable d'unir deux propositions contraires pour en extraire une troisième.

Il nous faut du courage, ami lecteur, de la volonté, de la simplicité, avec l'idée bien arrêtée de découvrir la vérité *vraie*, pour pouvoir suivre à travers les habitudes et les préjugés qui nous offusquent, l'idée laborieuse de la justice et du droit naturel dans les faces multiples et contradictoires qu'ils nous présentent dans la pratique de la vie économique. Ceux qui voudront bien nous suivre jusqu'à la fin de ce travail, y trouveront au moins, en compensation de leurs labeurs, une satisfaction, celle d'avoir opéré une vérification exacte des poids et mesures de la conscience, ce qui peut nous permettre de distinguer le bien et le mal dans la grande lutte des intérêts.

Dans les questions économiques ou d'intérêt général dont la solution s'impose aujourd'hui, notre bonne volonté est souvent paralysée par l'intérêt particulier, par le désir d'obtenir la fortune sans nous rendre compte comment la richesse se forme dans la société, et surtout par l'hallucination de posséder un bon gouvernement sous les auspices duquel nos doctrines, nos ambitions puissent se réaliser. Ce préjugé est cent fois plus difficile à déraciner de notre imagination que celui du gouvernement providentiel.

Il nous faut encore, pour faire du vrai socialisme, ne pas trop nous fier à nos sentiments, lesquels n'expliquent rien ; je n'ose pas dire qu'il est nécessaire d'avoir l'amour de l'humanité, ce mot est pour l'instant un peu trop platonique, mais que nous avons à rechercher si dans la sphère du travail, l'accumulation des capitaux aux mains de quelques-uns, l'accaparement des instruments de production, ne subalternise pas l'ouvrier, en donnant aux maîtres du sol, de l'industrie, avec les capitaux de toutes sortes, les plus-values naturelles et collectives que la société fait naître et paie, et cela au détriment du travailleur, lequel n'est jamais sûr du lendemain.

Il y a un proverbe russe qui dit : « Quand le pope a faim, il vole ». Nous sommes témoins aujourd'hui que quand la multitude est affamée par la spéculation, elle tue et pille. Dans nos sociétés, où la liberté du travail n'est ni expliquée ni pondérée, où le riche ne sait même pas comme le pain vient, l'antagonisme des classes et des intérêts est en permanence, et toujours, pour rétablir l'ordre, l'autorité est avec les gros bataillons contre la masse qui peine et sue, laquelle, n'ayant ni sou ni maille, ne peut arriver à serrer ses rangs. C'est donc toujours le droit des plus forts qui fait la loi.

La liberté du travail pour l'obtention du bien-être, voilà l'objectif de l'homme vivant en société, et cette liberté, pour être féconde, ne peut exister que par la possession des instruments du travail. Mais quand l'instrument de production est une terre, une usine, une mine, etc., et que pour l'obtenir il faut faire appel aux capitaux, que peuvent, pour en avoir la possession, ceux qui n'ont rien que leurs bras? Nous demandons aussi que peuvent, avec la liberté, ceux qui n'ont que des capitaux et pas de bras pour les faire valoir?

La Révolution de 89, en ouvrant l'ère de la liberté du travail, avait sous-entendu l'égalité des *moyens* qui devaient la servir. La bourgeoisie n'ayant rien compris à l'esprit juridique et économique de la Révolution, a fait (du défaut d'institutions d'intérêt commun) tourner à son profit la liberté économique, subordonnant ou plutôt assu-

jettissant le travailleur au capital par la division
du travail, le machinisme, etc.

Les temps sont passés où l'enthousiasme et le
sentiment tenaient lieu de principes et résumaient
le socialisme et la politique. Aujourd'hui, la raison
s'impose à notre esprit. Nous avons vu planter les
arbres de liberté dans la joie et l'allégresse et
pleurer d'attendrissement en prononçant les trois
mots de notre devise républicaine. Les symboles
ont été arrachés, et nous sommes témoins de la
routine de nos dirigeants. Liberté, Egalité, Fraternité, telle est la triple énigme que le socialisme,
ce sphinx moderne, nous oblige de deviner sous
peine d'être dévorés.

# CHAPITRE II



*Socialisme.* — Le dictionnaire de Littré définit ce mot : « un système qui, subordonnant les réformes politiques, offre un plan de réformes sociales. Le communisme, le mutuellisme, etc., sont des socialismes. » Ajoutons que chaque système d'organisation sociale est encore une forme du socialisme. Nous avons le socialisme bourgeois actuellement en pratique, comme il y avait le socialisme féodal. Il y a aussi un plan de socialisme catholique, etc.

Deux éléments distincts, indestructibles, concourent simultanément à la formation de la richesse et de l'ordre et constituent la société : c'est la force individuelle et la force collective, dont la puissance se manifeste pour la première par la *liberté*, et dans la seconde par l'*autorité*. C'est deux principes, en perpétuel antagonisme, cherchent à s'exclure alternativement par la force, mais sans résultat durable. Cet antagonisme crée dans la société l'esprit et les passions politiques qui paralysent les idées de recherches et de réformes économiques. Tous les partis socialistes, sans distinction d'école, ont donc, avant tout à résoudre le problème de l'équilibre ou de la pondération de ces deux forces, l'*autorité* et la *liberté*.

En regard des misères de notre temps causées par l'anarchie de la liberté et les contradictions des lois économiques, l'homme, que le sentiment de justice et de générosité anime, pense tout d'abord à opposer à l'antagonisme des intérêts. la communauté des biens. Cette idée spontanée fait honneur à nos sentiments de sociabilité. Mais la réflexion, aidée de la connaissance de nous-mêmes et des rapports sociaux, reconnaît que ce premier élan du cœur ne satisfait pas complètement à l'idée de justice, puisqu'il ne tient pas compte du sentiment de liberté qui est inné en nous, lequel, dans la variété des aptitudes, décide de notre vocation et développe notre activité.

La socialisation de tous les capitaux (qu'on appelle le collectivisme) (1), c'est-à-dire l'appropria-

---

(1) Collectivisme signifie aussi communisme. Nous pensons qu'il y a confusion dans les termes. Le mot collectivisme signifie unité des forces diverses qui composent la société. Il est donc tout à la fois l'accord de la liberté individuelle et du

tion par l'Etat de toutes les valeurs mobilières et immobilières servant à la production, a pour conséquence d'établir partout l'hégémonie industrielle de l'Etat, ce qui est la négation de la force et de la liberté individuelle dans l'industrie, le commerce, les arts, etc. Avec ce système, il nous resterait *peut-être* la liberté de voter (mais non de raisonner) pour des mandataires, seulement chargés de former l'administration communiste. Cette politique servirait, comme aujourd'hui, à plébisciter sur des noms, à donner notre blanc-seing, afin de constituer la tutelle administrative. Ce serait le règne de l'autorité pure avec l'immobilisme, la corruption et le favoritisme que comporte déjà la centralisation administrative actuelle. Mais il y aurait encore par *raison d'Etat*, le devoir de soumission respectueuse envers l'autorité, tel que jadis du manant envers son supérieur. A tout seigneur, tout honneur.

Mais, observons que le collectivisme envahissant se développe déjà sous le socialisme bourgeois. Ainsi le veut la maxime du laissez faire, laissez passer. N'avons-nous pas l'oligarchie financière,

---

droit de chacun avec le droit de la société. Voilà ce que j'appelle force collective. Autrement le collectivisme n'est que le despotisme, s'il tend à absorber, au profit de l'Etat, la plus simple unité de force qui compose la société.

laquelle accapare et s'approprie de plus en plus, la collectivité des valeurs industrielles et du numéraire, avec les plus-values naturelles et collectives qu'elles comportent, et cela au préjudice de la nation. Le collectivisme financier existe à l'abri des lois, il est en possession d'état et, par ses spéculations agioteuses, il nous envahit de plus en plus, nous affame et exerce son pouvoir magique sur une partie de la nation. Allons-nous donc le remplacer par le collectivisme national, c'est-à-dire la communauté.

Le socialisme communiste, en faisant de l'homme un automate, et le socialisme bourgeois, en dégradant l'ouvrier, ne correspondent ni l'un ni l'autre aux facultés de l'entendement. Etant négatifs du droit individuel et de la vraie liberté, nous sommes amenés à concevoir une organisation sociale supérieure plus en rapport avec la dignité de l'homme, où la justice, la liberté individuelle et l'autorité collective marchent de pair, afin de définir de mieux en mieux le droit individuel en lui-même, et dans ses rapports avec l'autorité de la société, laquelle doit garantir la force des plus faibles contre l'absorption des plus forts ou des plus puissants.

Le mutuellisme est encore un système de socialisme. C'est l'utopie dont nous sommes partisans,

en nous appuyant pour la soutenir sur les données de l'anthropologie, sans lesquelles aucune
idée de réformes n'a d'accès durable sur l'opinion ;
elle est donc la seule qui, en éclairant la conscience,
puisse opérer et nous donner l'idée des réformes
sociales. Et nous avons la certitude que cette
idée, une fois divulguée, ralliera la masse des
producteurs. Dans la pratique actuelle, nous ne
regardons encore le mutuellisme que comme un
mode de l'association volontaire entre citoyens.
C'est ainsi qu'il existe des sociétés de secours mutuels, d'assurances et de crédit mutuel ; d'autres pour l'achat des produits de consommation,
etc., etc. ; mais sans rapports commutatifs entre
elles et le public, ces sociétés ne correspondent
pas à une idée générale de réforme économique.
C'est une idée et un principe en germe, lequel attend son développement. Ce sera le but et le
triomphe de la Révolution parce qu'il correspond
à un fait psychologique, la conscience.

Qui dit mutualité, dit réciprocité, et sans réciprocité, il ne peut y avoir de société durable. L'é-
change des produits et des services sans réciprocité, mais c'est la foi punique notée d'infamie dans
l'antiquité. C'est l'agiotage et le brigandage. Il en
est de même dans le travail, l'absence de ce principe crée l'omnipotence des uns, la vassalité et

l'exténuation des autres. La propriété, sous toutes ses formes, sans rapports commutatifs avec la société ou l'Etat qui l'a concédée, c'est le droit d'aubaine au profit de l'oisiveté et la guerre sociale, comme en Irlande. Sans le principe de réciprocité, la société n'est qu'une caverne de voleurs où le pouvoir appartient aux plus roués et aux plus forts. Or, la mutualité qui n'est encore qu'une idée vague, sans corrélation collective, doit être l'objectif de la Révolution qui se prépare, laquelle doit créer, définir et établir le droit commutatif individuel, collectif et légal, auquel nous sommes tous soumis. Et, une fois divulgué, personne ne saurait s'inscrire en faux contre lui. Ce droit est donc conservateur de toutes les libertés : celle du travail, du libre examen et du droit d'appropriation. Il pondère, équilibre les libertés, les intérêts et toutes les forces économiques, le travail, le capital, l'échange, même l'autorité, et les socialise. Notre utopie est donc l'expression la plus haute du droit naturel, et du droit collectif représenté par l'Etat. Elle est la négation du droit des plus forts.

Dans le socialisme communiste, l'homme n'a plus de personnalité économique ; il est au-dessous du mainmortable. Dans le socialisme bourgeois, celui qui n'a rien ne peut rien. Dans le socialisme mutuelliste celui qui n'a rien peut quel-

que chose, parce que des institutions d'intérêt
commun garantissent ou permettent l'évolution du
génie et de la liberté de chaque citoyen, laquelle
est actuellement entravée par les privilèges, les
intérêts établis et les luttes permanentes de l'autorité et de la liberté.

Si l'homme est né égoïste, il est libre, juste,
conscient et *sociable*. Il apprend et il sait. La liberté étant de nature transactionnelle, amène
notre égoïsme à composition avec celui d'autrui,
il devient donc encore sociable par le principe de
réciprocité. Voilà tout le fond du mutuellisme.
Ainsi se forme en économie le droit individuel et
corporatif, et en politique le droit communal, départemental et national, lesquels, en se fédérant,
servent à la garantie du droit et de toutes les libertés. On dit : cela est beau en théorie et n'est pas
dans la pratique, et encore moins dans l'esprit de
nos lois. Sans doute, mais c'est le but de la Révolution d'en pénétrer l'opinion et d'en inscrire la
théorie et la pratique dans la loi même.

Le communiste, au contraire, en socialisant tous
les capitaux et en mettant les produits en commun, est obligé de gouverner les personnes et de
régler arbitrairement tous les intérêts à l'aide de
la justice distributive, laquelle est la négation de
notre personnalité, et la manifestation la plus

haute du despotisme et de l'autorité. C'est là une difficulté qui est à prévoir et qui attend encore une définition. Car la force même de l'insurrection victorieuse serait impuissante à la trancher.

L'Etat que tous les partis regardent comme une Providence, est bien le représentant de la force collective et de l'intérêt commun, mais ce ne sont là que des mots qui attendent une définition rationnelle et moins symbolique. Depuis 1789, nous n'avons encore organisé que le gouvernement et fait de la politique où règne la confusion. La force collective et les forces individuelles sont sans organisation, et la providence de l'Etat est aux mains des rhéteurs et des politiciens (1). L'absence d'une *Constitution économique* — perfectible — a rendu tous les pouvoirs impuissants à équilibrer les intérêts et à établir l'ordre, ce qui cause l'anarchie et met la société en détresse. Voilà ce qui, dans toutes les classes de la société, inspire les penseurs à chercher une solution, non plus dans la politique, mais dans les réformes économiques.

(1) J'appelle un politicien celui qui subordonne les réformes sociales aux réformes politiques, et qui, comme Gambetta, pose avant les principes celui de la responsabilité du pouvoir (V. p. 39.)

# CHAPITRE III



———

Avant d'aborder les matières économiques qui font l'objet de ce travail, jetons un regard sur les manifestations de la politique afin de signaler les contradictions qu'elle représente.

La politique n'est que le moyen pratique dont on se sert pour arriver à un but déterminé à l'avance et dont on conçoit clairement la portée et l'effet. C'est ainsi que Torquemada se sert d'un instrument politique, l'inquisition, comme moyen de défendre l'enseignement de l'Eglise contre le libre examen. L'édit de Nantes, promulgué par Henri IV, avait pour but la tolérance religieuse, comme sa politique extérieure avait pour objectif l'équilibre européen, lequel était la négation de la domination universelle que les potentats rêvaient alors (et que nous avons eu la malheureuse idée de restaurer dans la personne des Napoléon). Richelieu n'abandonne pas l'idée de l'équilibre européen qui aboutit au traité de Westphalie (1), de même que son objectif de politique intérieure a été de détruire le pouvoir politique des seigneurs, de mettre fin à leurs rivalités et à leurs révoltes, ainsi qu'aux guerres intestines qui ont désolé la France. La politique reposait sur des principes : elle est donc la définition des moyens, leur application et leur exécution.

Aujourd'hui, dans nos Chambres, la politique des partis, sous des appellations différentes, paraît fatalement aboutir à cette maxime : Ote-toi de là que je m'y mette. En effet, l'opposition politique, après avoir renversé le pouvoir en promettant des réformes vagues et indéfinies, se trouve, en prenant le gouvernail, incapable d'en opérer aucune, et pour maintenir son autorité, le nouveau gouvernement s'appuie sur les intérêts établis et se retrouve du parti conservateur. Voilà le cercle des contradictions politiques où nous tournons depuis 40 ans.

Dans le pays, les politiciens se reconnaissent aux couleurs de leurs symboles et surtout par l'abondance de leurs paroles ; mais tous ignorants de l'économie sociale, qu'ils regardent comme une

______

(1) La révocation de l'édit de Nantes et les infractions des potentats à l'équilibre européen, prouvent que l'opinion n'était pas mûre pour l'application de ces excellentes réformes.

utopie, ils ont les yeux tournés vers l'autorité et ne pensent qu'à relever les prérogatives du pouvoir pour en partager les avantages. En s'inspirant du passé gouvernemental, ils ressemblent aux *carleux d'souliers :* ils travaillent dans le vieux qu'ils s'ingénuent de remettre à neuf.

La centralisation politique ayant détruit dans le pays l'initiative provinciale pour les affaires d'intérêt local ou régional, et empêché de naître dans le peuple les principes de l'économie sociale, nous attendons encore tout de l'initiative gouvernementale, comme jadis, de la Providence, pour obtenir des réformes que nous ne savons pas définir ; mais nous venons de montrer que les gouvernements tout comme la Providence, sont sujets à caution.

La liberté politique que nous possédons ne s'exerçant sur aucun principe d'économie, nous politiquons, nous *parlottons* dans le vide, prenant les vessies politiques pour des lanternes et nos illusions pour l'objet même des réformes ; nous devenons fanatiques, intolérants et exclusifs, ce qui n'a d'égal que l'intolérance et le fanatisme religieux du moyen-âge. Et la masse dégoûtée, fatiguée de ses tribuns, se porte irrésistiblement, sur une voie inconnue, vers la restauration de l'autorité ou du pouvoir personnel, ce qui ouvre la carrière aux ambitions malsaines ou aux révolutions stériles.

Résumons ce paragraphe. La politique doit avoir pour but d'appliquer les principes d'administration et de réformes économiques, clairement définis, dont l'opinion s'inspire : autrement les politiciens ne sont que des intrigants, des mystificateurs ou des ignorants.

## Différentes formes de Gouvernements.

Tous les gouvernements ont été jusqu'alors l'incarnation de la force et de l'autorité, la représentation des privilèges et des abus, ou, s'ils sont les promoteurs de réformes, c'est pour consolider leur pouvoir. Il y a sans doute des exceptions, mais l'exception ne fait pas la règle. Voyons donc quels en sont les différentes formes.

1° Le gouvernement théocratique pratiqué dans l'antiquité par les Hébreux jusqu'à Saül, à Rome par Numa, et dans l'Inde par les Brahmanes, est le gouvernement de Dieu par des ministres ou prêtres qui sont ses représentants. C'est par excellence le gouvernement de l'immobilité, de l'uniformité, le règne de la caste, de l'intolérance, et la subordination générale au sacerdoce.

2° Le gouvernement monarchique, alternativement autocratique, aristocratique, démocratique, clérical, se plie à toutes les influences, même à celle du suffrage universel. Alors il devient constitutionnel, représentatif, parlementaire, etc., mais il est toujours le gouvernement des propriétaires et des privilégiés, et subit l'influence de la finance. Concentration des intérêts aux mains de quelques-uns, subordination du travail au capital et à la propriété : aristocratie, prolétariat.

3° Le gouvernement républicain actuel, fondé sur le vote populaire, est une contrefaçon de la monarchie, où la démocratie est en contradiction avec elle-même, et les hommes politiques « moitié renard, moitié loup », démocrates et aristocrates, sont des métis qui n'engendrent pas. Luttes de classes et d'intérêts, instabilité du pouvoir, manifestations grotesques, retour à la dictature politique d'un seul ou d'une chambre unique, coups d'Etat, etc.

4° Le *vrai* gouvernement républicain est celui où la souveraineté de la nation réside constamment dans le peuple et ne se délègue à aucun représentant, à aucun pouvoir. Tel est l'esprit de la constitution Suisse, où le peuple toujours maître du gouvernement comme de la direction de ses intérêts, peut réaliser les réformes que l'opinion réclame et que les penseurs élucident, à seule fin que les différents conseils que la nation nomme, s'en inspirent dans la préparation des lois que le peuple est appelé à ratifier.

5° Il y a encore le rêve du gouvernement communiste, lequel fut mis en pratique par les Républiques de l'antiquité, où l'administration des intérêts était aux mains de familles nobles, faisant travailler l'esclave ou l'ilote, et partageant entre elles le produit.

La communauté qu'on espère restaurer aujourd'hui en la socialisant, serait la négation de toute personnalité et de toute initiative privée. En voulant pour égaliser les conditions, bannir l'égoïsme et l'ambition de la société, on arriverait à l'immobilisme, à l'inertie et à l'abêtissement de la nation, ainsi que déjà la centralisation nous en donne l'exemple.

Par nature, l'homme n'est pas communiste, il est égoïste et conservateur de ses intérêts comme de ses préjugés. Il faut bien le reconnaître, l'égoïsme est le mobile primitif de l'activité personnelle, mais la création d'institutions économiques d'intérêt commun (dont nous parlerons), serait un frein suffisant contre l'ambition malsaine, et ces institutions, en développant l'activité sociale avec plus de puissance que les privilèges actuels, serviraient tout à la fois l'intérêt particulier et l'intérêt général.

Dans l'époque de transition que nous traversons, où les réformes économiques ne sont senties qu'instinctivement, où les méthodes d'application ne sont pas définies, il est difficile aux idées transcendantes et explicites de ne pas soulever, non le doute méthodique de Descartes, mais le doute négatif qui est toujours motivé par l'horreur de l'inconnu, une doctrine ou un préjugé froissé ; de là naît cette qualification d'utopie qu'on donne aux idées trop avancées, tandis que l'idéal indéfini d'un bon gouvernement rallie tous les esprits. Mais comme on est divisé sur la forme, les partis sont en luttes perpétuelles ; qui pour la monarchie ou l'empire, d'autres pour la République ou la dictature (plus ça change et plus c'est la même chose), et personne ne songe au self-government, qui seul peut conserver la liberté de la parole et réaliser les réformes économiques.

Mais le charlatanisme n'a pas dit son dernier mot, il y a encore un projet de constitution réactionnaire rédigé par le précepteur de feu le prince impérial, lequel supprime le suffrage universel en faisant reposer l'ordre politico-économique sur une espèce de *panarchie* (pairie nommée à vie par l'empereur) réservée aux grands *propriots*, et dont seront exclus l'industrie, le commerce, etc. Ce serait le principe *indéflectible* de l'autorité. Qu'en pense M. Paul de Cassagnac.

## L'Aristo-Démocratie.

ARISTO-CRATIE. — Ce nom est formé de deux mots grecs ; ARISTOS, le meilleur, et CRATOS, force ou puissance. Au point de vue politique, c'est le gouvernement des meilleurs, soit des plus savants, des plus riches, c'est-à-dire des plus puissants.

DÉMO-CRATIE.—Formé aussi de deux mots grecs, DÉMOS, peuple, et CRATOS, force ou puissance. La démocratie est la représentation de la force populaire. Au point de vue politique, il n'y a guère de gouvernement démocratique que de nom, puisque la démocratie choisit pour la représenter (soit par acclamation spontanée, bulletins de vote, etc.), l'*aristo*, et lui confère la force et la puissance : CRATOS.

Or, dans sa force, le peuple après avoir détruit le gouvernement aristocratique d'une main, s'empresse de le reformer de l'autre en nommant pour le représenter les meilleurs, lesquels seront conservateurs de leur pouvoir, de leurs talents, de leurs richesses : et le peuple, Gros-Jean comme avant. En démocratie politique, c'est donc toujours l'aristocratie *économique* qui gouverne. Oh curieux cercle de contradiction, où les peuples, comme l'écureuil dans sa cage, tournent dans un manège pour n'arriver jamais.

L'aristocratie apparaît d'abord comme principe initiateur, cette vertu semble acquise à ceux qui les premiers s'affranchirent de l'état de nature en s'emparant des valeurs naturelles, les soumettant à leur domination, afin d'améliorer l'existence et de combattre la parcimonie de la nature. Mais à l'origine, l'ambition et la force n'ont pas de bornes et l'appropriation a été disproportionnée à la puissance de l'exploitation individuelle ; l'aristocratie ou la noblesse accapara les richesses naturelles et contraignit par la force, la masse à faire valoir ses biens en lui déniant le droit à l'appropriation, la rendant tributaire de redevances de toutes sortes, toujours entachée d'exactions et d'insolences, pour prix de sa direction ou de son administration.

Etant tous formés du même limon, et perfectibles par l'instruction et l'éducation dans la succession des générations ; ayant les mêmes aspirations et le même droit naturel ; de nécessité nous avons supprimé la noblesse qui n'a su reconnaître ces principes.

La démocratie politique qui la remplace, en admettant la division de la propriété, n'a su en appliquer le principe et le généraliser. Elle n'a pas compris que l'appropriation individuelle ayant donné l'indépendance, la liberté et la force à quelques-uns, elle devait s'appliquer et être accessible à tous les travailleurs.

Le droit indéfini et illimité de propriété, l'accaparement des instruments de production reconnu par le code, entravent la diffusion des capitaux ; la grande propriété, la grande industrie et la finance sont reconstituées malgré la déclaration des droits de l'homme, ce qui est un acte de déshérence pour le travailleur.

Ce qui fait la force de l'aristocratie, c'est l'autorité encore reconnue des principes contradictoires de l'économie politique qui servent ses intérêts ; comme la faiblesse de la démocratie résulte de l'ignorance de ceux qui peuvent servir à établir son droit. Démocratie, c'est démopédie, c'est-à-dire instruction économique du peuple, sans laquelle les évolutions de la politique sont vaines et les révolutions stériles.

Mais en quoi consiste donc l'instruction économique du peuple ou plutôt de tous les citoyens, que tous les socialistes réclament ? Elle consiste : 1° à pénétrer l'opinion de l'idée de l'équivalence des services dans la variété et la multiplicité des aptitudes ; 2° à reconnaître l'influence de la société dans la création de la richesse et dans le développement du génie individuel ; 3° à savoir que la valeur du travail est partout égale, mais qu'elle ne diffère de valeur que par les frais et risques qui la mettent en activité ; 4° à établir dans l'échange un rapport de réciprocité, et dans la société des institutions économiques d'intérêt commun afin de garantir la liberté de production et la valeur du travail à tous les citoyens ; 5° et surtout à nous méfier de l'intervention de l'autorité et de l'esprit du gouvernementalisme, lesquels sont le refuge de l'absolu humain, le principe de l'immobilisme, la source de toutes les corruptions ; 6° enfin, en subordonnant les réformes politiques aux réformes économiques ; 7° à nous inspirer des joies du travail de la famille, base fondamentale de la liberté et de la sociabilité ; 8° et avoir horreur de l'injustice qui frappe autrui.

Comment la démocratie militante est-elle devenue communiste ? Elle l'est en haine du droit illimité de propriété, du principe d'accaparement et de domination, qu'elle n'a su distinguer du droit naturel, libéral et civilisateur de la propriété individuelle, limité à la force productive de chacun, et que la justice distributive, c'est-à-dire l'autorité et le gouvernement, est encore son idéal.

L'appropriation des capitaux, instruments de production, est émancipatrice, elle forma l'aristocratie et les caractères ; il faut généraliser ce principe en créant, comme l'avons dit, des institutions économiques et des lois qui en facilitent l'accès à tous les *sans-culottes*. D'autre part « le capital et le travail ayant la même origine et les mêmes droits » leur unité par l'association *de droit* constituera dans l'industrie collective, l'ordre, la justice et le droit. Le but de notre ouvrage est d'en montrer la raison et d'en divulguer les moyens d'application. Alors, et alors seulement, il n'y aura plus que l'aristodémocratie, ce sera la fin de l'antagonisme des intérêts, la fusion des classes et le développement du progrès économique d'après la loi commutative.

## Le suffrage universel

Nous sommes partisan du suffrage universel au même titre que nous reconnaissons l'efficacité du jury populaire. Mais le vote, tel qu'il se pratique aujourd'hui, sans autre but que de plébisciter sur des noms, est tout à la fois une illusion, une déception et une confusion. Il est une illusion, parce que le peuple, en déléguant sa souveraineté, la perd temporairement, et qu'il reste sous la tutelle de ses représentants, qui engagent mal à propos les intérêts de la nation. Il est vrai aussi que le vote populaire peut, dans sa spontanéité, renverser aujourd'hui le despotisme et le restaurer demain. Mais il est, cependant, l'oracle fatidique que ses représentants sont incapables d'interpréter.

Le corps législatif est bien le délégué de neuf millions d'électeurs, lesquels, étrangers à la science économique et n'ayant que le sentiment de leurs intérêts personnels, n'entendent rien à l'intérêt général. Donc, le député n'a, de ce fait, qu'un mandat indéterminé, un blanc-seing. On se demande ce qu'il peut bien représenter ou faire devant le colosse de la concentration gouvernementale, où tant d'intérêts viennent aboutir. De ce fait même, la représentation nationale est subalternisée et paralysée par le gouvernement pris dans son sein et formé de la majorité même : elle n'est plus, comme le disait Paul-Louis Courier des chambres censitaires, qu'une machine à voter. Sinon la question de confiance posée par le gouvernement, aboutit à une crise ministérielle qui déconsidère le Parlement devant l'opinion.

C'est par un vrai miracle de patience que le peuple français, si sensible dans ses aspirations, puisse vivre dans une semblable anarchie politique. Le suffrage universel, tel qu'il se pratique, appelle nécessairement le pouvoir personnel pour le diriger. Gambetta ne s'y méprenait pas. « Une première notion à établir, a-t-il dit par l'organe de son journal, c'est qu'il n'y a, et qu'il ne peut y avoir que des pouvoirs personnels. Ceux qui disent que les principes suffisent et que les hommes ne sont rien, sont des incapacités dont il faut se méfier, pour ne prendre que ceux qui reconnaissent les difficultés du gouvernement, et se déclarent prêts à en assumer la responsabilité. » (LA PETITE RÉPUBLIQUE FRANÇAISE, 10 janvier 1883.) Voilà le seul principe qui l'a grandi aux yeux des autoritaires conservateurs, et pourquoi on lui a érigé une statue.

Or le suffrage universel, par les contradictions qu'il représente, ne peut donc fonctionner avec quelque apparence d'ordre que par la direction du gouvernement, c'est-à-dire par la candidature officielle, telle que l'empire l'a pratiquée, et que M. de Bismarck l'exerce actuellement. Le parlementarisme actuel ne peut fonctionner que sous le pouvoir personnel.

Tout le monde reconnaît aujourd'hui la capacité juridique du peuple, qu'il exerce par le jury ; et cette capacité se forme dans la conscience d'après l'exposition des faits, et les débats contradictoires. Hé bien, grands politiciens, par similitude, nous avons la certitude que la capacité politique et économique du peuple, se formera et se manifestera aussitôt qu'elle aura à se prononcer sur un fait d'intérêt économique qui lui sera présenté, après avoir été élucidé par la discussion contradictoire basée sur le sentiment de réciprocité, ou du droit commutatif. Or, nous affirmons que le suffrage universel ne doit pas être dirigé, mais éclairé (v. ch. 28).

Avec le principe de *referendum*, seule véritable attribution du vote populaire, le parlementarisme et la législation sont transformés ; ils ont pour contre-poids de leurs délibérations, le vote des citoyens, et le Sénat devient inutile. Alors, et alors seulement, la liberté politique peut fonctionner sans danger. Les coups d'Etat et l'héroïsme de l'insurrection n'ont plus de raison d'être pour fonder le droit. Nous pourrions donc exposer et discuter en public nos *utopies*, telle par exemple l'idée du mutuellisme que je creuse et que j'essaie de définir dans cet ouvrage, pour l'appliquer à l'économie sociale à l'aide du droit commutatif qui en est la conséquence. Il en serait ainsi pour le système communiste dont les partisans pourraient exposer et définir la méthode d'application. Ainsi le feraient avec liberté les socialistes catholiques, etc. On pourrait ainsi proclamer ses idées, sans jamais pouvoir les imposer, et l'opinion éclairée se formerait avec certitude, car sans elle aucune réforme durable ne saurait s'accomplir. Le referendum populaire est donc le signe de la souveraineté effective du peuple, tandis qu'aujourd'hui elle est une mystification, et la majorité des electeurs n'y croit plus.

# CHAPITRE IV

## CONTRADICTIONS DES LOIS OU DES FORCES ÉCONOMIQUES.

Après avoir signalé les contradictions politiques où la démocratie est engagée, arrêtons-nous un instant sur les contradictions de l'économie politique que nous subissons actuellement, et montrons que les lois économiques qu'on prétend irréformables peuvent se transformer à l'avantage de la société.

« L'économie politique est le recueil des phénomènes de la production et de la distribution de la richesse, c'est-à-dire de la manifestation spontanée du travail et de l'échange dans la société, ce qui leur donne un caractère de nécessité qui les a fait appeler *lois* » ; mais sous l'empire de la nécessité, nous voyons la misère se développer parallèlement au progrès de la richesse, telle est la contradiction inhérente à ses lois.

Ce chapitre est le seul de l'ouvrage qui appelle la réflexion du lecteur, car, sans la connaissance raisonnée et clairement définie des principes ou des lois qui président à la formation de la richesse, nous ne saurions réaliser la moindre réforme dans sa répartition.

Quiconque produit pour échanger, tout comme celui qui offre sa brasse pour une pièce de cent sous, est soumis aux lois économiques, qui sont dans la société la représentation de la liberté, de l'activité, de la force personnelle, du génie et même de l'égoïsme. De ce fait, chacune de ces lois renferme un principe contradictoire, une contre-loi. Telle est par exemple la concurrence, laquelle a pour but dans l'intérêt général d'établir le progrès dans l'industrie et le juste prix des produits. Mais la libre concurrence tend à détruire la concurrence, pour s'emparer du monopole, et faire à son profit hausser le prix des produits. Le monopole est donc né de la concurrence, il est pour ainsi dire « le prix de la lutte et la glorification du génie ». Voilà la contre-loi.

Mais où la concurrence est détruite par le monopole de fait, il y a abus, stagnation dans le progrès industriel et cherté des produits. Alors l'Etat intervient en appelant la concurrence étrangère afin de contrebalancer le monopole intérieur. D'autre part, dans les entreprises d'intérêt public où la libre concurrence serait impuissante à donner le bon marché et la sécurité, l'Etat constitue en droit et règlemente les monopoles, par des con-

trats, avec cahiers de charges, tarifs légaux, comme
pour les chemins de fer, la Banque de France, les
offices ministériels, etc., mais jusqu'alors l'autorité
ne constitue que des privilèges sans rapports commutatifs avec l'intérêt public, ainsi que nous l'a-
vons vu pour les prorogations, et en 1883 pour les
conventions des chemins de fer avec les grandes
Compagnies, etc.

Les mêmes contradictions se manifestent dans
la division du travail : les machines, qui sont
des forces qui en centuplent la production, tournent au profit du capitaliste-entrepreneur, détruisant la liberté et le génie du travailleur parcellaire,
le réduisant pour ainsi dire à l'état d'engrenage.

Le crédit, cette puissance de circulation et d'activité actuellement aux mains d'usuriers et des
Compagnies financières, amène par l'hypothèque
et l'usure la ruine du travailleur emprunteur, et
arrête l'activité même.

Telle est encore la propriété dont nous montrons
dans le cours de nos définitions, la puissance
comme principe de liberté et de production, et la
contradiction par le droit d'aubaine qu'elle exerce
sur les plus-values naturelles et collectives, au détriment de la collectivité qui les produit (v. ch. 12).

## *De la valeur.*

La notion de la valeur du travail et des produits, est la plus importante des lois économiques, parce qu'elle préside à la répartition de la richesse. Elle s'obscurcit et devient contradictoire par la liberté de l'offre et de la demande, dont la maligne influence peut ruiner le producteur et enrichir l'acheteur, *et vice versâ :* exténuer l'ouvrier et enrichir le maître. L'offre et la demande est dans un sens une manifestation du droit des plus forts contre les plus faibles. En signalant la contradiction de cette loi, nous devons reconnaître qu'il est impossible de la supprimer sans tomber aussitôt sous le despotisme de l'exploitation féodale ou communiste, qu'on peut considérer comme la négation des libertés et la consécration de l'arbitraire.

Nous allons, d'après le droit commutatif, ou de réciprocité, montrer tout d'abord que la détermination préalable de la valeur de la main-d'œuvre n'est point préjudiciable à l'action légitime de la liberté de l'offre et la demande, qui ne peut s'exercer que sur la valeur des produits, afin d'en signaler la qualité, la rareté ou l'abondance, stimuler la concurrence, et servir de baromètre à la fabrication ; et que le principe de la constitution de la valeur n'est autre que la loi commutative dont nous avons parlé et que nous définissons au chapitre suivant.


*Détermination de la valeur de main-d'œuvre,*
*approximation de la valeur des produits.*


Partout, dans les chantiers, l'usage est que la valeur de main-d'œuvre s'établisse d'après la force moyenne des travailleurs, et c'est par le travail aux pièces ou à la tâche, que se découvre la moyenne de cette force, laquelle sert à établir le prix de l'heure ou de la journée de l'ouvrier. C'est encore d'après le prix des choses nécessaires à l'entretien de la vie matérielle et intellectuelle, aux frais de toutes sortes, risques joints à chaque profession, que s'établit temporairement dans chaque région le taux des salaires, appointements, etc., ainsi que le pratique et l'entend le sens commun. La valeur du travail ainsi établie sert à constituer le prix de revient des travaux et des produits, et à établir chez les artisans la série des tarifs qui sont la base des devis. Or, la valeur des produits n'étant que la valeur du travail qui a servi à les créer, la matière première n'a de valeur que par le travail qui la découvre, la façonne ou la transforme.

Pour n'avoir pas reconnu la nécessité de constituer l'usage en droit, il arrive que la valeur du travail ou de la main-d'œuvre est assimilée à une marchandise ordinaire soumise comme le dernier des produits à la loi de l'offre et la demande, c'est-à-dire au caprice de la liberté agioteuse et spéculative, comme à la force du capital, et nous assistons, indifférents et béats à la désorganisation du travail, à la guerre sociale par la mulplicité des coalitions et des grèves.

Si la loi sur la liberté des coalitions témoigne de la bonne volonté du législateur, elle ne peut être considérée que comme un pis-aller, puisque les syndicats corporatifs ne s'en servent que pour organiser la lutte des classes. Nous pensons, d'après le droit commutatif, que le but des syndicats de patrons et d'ouvriers n'est à seule fin que d'établir la conciliation des intérêts, lesquels ne peuvent s'établir définitivement que par la détermination temporaire de la valeur de main-d'œuvre dans chaque corporation et de préluder ainsi à l'approximation de tous les produits, afin de faire émerger de nos contradictions la loi commutative, qui doit servir à équilibrer les forces économiques et garantir tous les intérêts.

Que maintenant les routiniers de l'économie politique nous ressassent leurs rengaines sur le laisser-faire, laisser-passer, sur l'incommensurabilité de la valeur, en opposant *la valeur utile ou d'échange* à *la valeur d'opinion*. Nous répondons, sans doute, il y a des produits, lesquels, à travail égal, sont délaissés et n'ont pas de *valeur utile ou d'échange*, et d'autres, considérés comme valeur *utile*, sont toujours recherchés et acceptés à l'échange, ce qui laisse entière la liberté du consommateur, avec la responsabilité, l'initiative et la liberté du producteur. Voilà ce qui est de justice et de droit. Mais il n'en est plus de même pour la valeur de main-d'œuvre, car l'offre et la demande n'est souvent qu'une lutte astucieuse du fort contre le faible, alors elle est immorale et criminelle.

### *L'offre et la demande* (1).

L'offre et la demande peut aussi perdre de son acuité et de son arbitraire par la fédération

(1) La valeur du travail établie temporairement, est un acte de justice et surtout d'ordre social, et la différence des salaires qui résulte de l'activité et de la force de chacun suffit toujours à réparer les forces dépensées dans le travail. Mais si cette valeur s'établit seulement par l'offre et la demande, elle peut devenir arbitraire et inique. Exemple : Les fabricants de bonneterie de Troyes offrirent d'abord aux ouvrières 1 fr. 40 pour préparer à la piqûre mécanique une douzaine de tricots. Les plus habiles et les plus fortes pouvaient en préparer deux douzaines par jour. Les ouvrières de force moyenne, une douzaine 1|2, et les plus faibles une douzaine. A ce prix, la rému-

des syndicats, entre producteurs et consommateurs, établissant par des contrats (basés sur la
réciprocité à titre de marchés, commissions, la
vente et l'achat, la garantie de qualité et le juste
prix des produits. Tel est l'esprit de la loi commutative, qui nous conduira à la fédération de
tous les intérêts.

La détermination temporaire de la valeur de
main-d'œuvre laisse donc entière la liberté de l'of-

nération paraissait suffisante : les patrons y trouvaient leur
compte, et les ouvrières étaient satisfaites de leurs peines.
Mais les patrons profitèrent de l'abondance de la demande du
travail, baissèrent successivement les prix de 1 fr. 40 à 1 fr.,
0 fr. 60, et aujourd'hui à 45 centimes. Toutes les ouvrières
travaillent pour réparer leurs forces ; obligées par cet arbitraire *sans frein* de travailler à bas prix ou de ne rien avoir
à faire, elles s'exténuent et sont dans la misère.

Nous ne dirons pas que la loi économique de l'offre et de la
demande est un brigandage, mais qu'elle opère, par l'arbitraire de la liberté des plus forts, une transfusion du sang
des plus faibles dans les veines des plus puissants et des
plus riches. O économie bourgeoise, comment as-tu pu dessé-
cher ainsi le cœur et abstraire les entrailles du corps des
employeurs. L'industriel oppose à ses démonstrations la nécessité de soutenir la concurrence, etc., etc. En acceptant
leurs raisons pour ce qu'elles valent, nous dirons que ce
système est gros de périls, et que l'offre et la demande ne
doivent servir et ne s'appliquer que sur les produits, mais
jamais sur la rigidité des prix de main-d'œuvre, sans s'exposer
à détruire la force même de la production en exténuant l'ouvrier.

*Nos utopies.*                                                   5

fre et de la demande, laquelle s'exerce sur la valeur des produits. Mais en s'appliquant au travail, ce ne doit être que pour distinguer l'habileté de l'ouvrier comparativement à l'activité ou à la valeur moyenne de main-d'œuvre préalablement établie. Alors, la différence des salaires dans chaque profession, n'a rien d'arbitraire puisqu'elle se rapporte, pour ainsi dire, à l'étalon de la valeur qui est déterminée d'après la force ou la capacité moyenne des travailleurs.

L'industriel ou l'entrepreneur qui occupe des ouvriers et exploite à ses risques et périls une industrie dans le but légitime de réaliser un bénéfice *net*, ne doit pas avoir le pouvoir de le réaliser sur la réduction des salaires et profiter de sa force de capitaliste ou arguer de la concurrence pour réduire l'ouvrier à la misère. Une industrie qui ne pourrait soutenir la concurrence que par ce moyen serait en décadence ou en voie de déclassement.

## *Le libre échange.*

Nous venons de dire que, pour contrebalancer les monopoles industriels qui naissent de la concurrence intérieure, l'Etat facilite l'entrée des produits étrangers ; mais il nous faut ajouter que si ces produits entraient librement en franchise, ils pourraient par leur bas prix détruire l'industrie nationale. C'est la contradiction du *libre échange*. C'est donc encore ici que se manifeste la nécessité d'une loi de pondération des forces économiques : c'est la balance du commerce, qui s'établit entre nations, par des traités commutatifs ou réciproques. Nous devons donc par une protection raisonnée stimuler notre industrie, afin qu'en se transformant à l'aide de procédés nouveaux, elle puisse soutenir la concurrence extérieure d'après les moyens dont l'industrie peut disposer.

Observons à ce sujet que par la différence des salaires entre nations insolidaires, le libre échange n'est pas possible, car il y a des pays où l'ouvrier se suffit ou se contente d'un salaire de 1 à 2 francs, tandis que chez nous le minimum de 2 à 2 fr. 50 est insuffisant. Le libre échange ne peut exister que par la fédération des nations en établissant leur solidarité. Et encore il faut tenir compte des besoins nécessités par le climat, des moyens de *production naturelle*. En attendant, la protection est nécessaire, car il faut, comme on dit, cultiver son jardin.

## *Spéculation et agiotage.*

La spéculation a quelquefois sa raison d'être, au point de vue économique, quand dans une année d'abondance les produits ou les denrées tombent à bas prix. Le négociant, en achetant par prévision des denrées qui seraient restées invendues ou gaspillées et consommées à vil prix, rend service au producteur, et plus tard dans une année de rareté, il rend service au public, en livrant ses réserves à la consommation. Mais s'il peut réaliser un bénéfice, il peut aussi arriver que deux années d'abondance le ruinent. Où est donc la contradiction économique? Elle est, dans l'agiotage, du fait de la coalition des capitaux disponibles. L'agiotage consiste à accaparer les produits dans le seul but de les faire hausser et sans en prendre livraison, et, à l'aide du courtage, de les revendre aux véritables négociants, afin de réaliser une différence ou agio. C'est bien là le travail à la *Robert-Macaire* auquel se livre la haute finance. Mais il arrive quelquefois que les agioteurs sont pris dans leurs propres filets.

*Le krach des cuivres.* — Venons aux faits actuels. Les économistes, après avoir reconnu l'impuissance des pouvoirs publics d'arrêter à temps les syndicats d'accaparement, s'écrient dans leurs journaux à l'occasion des krach successifs dont nous sommes témoins : « On n'empêchera jamais les capitaux, disponibles par la stagnation des affaires, de s'engager dans des spéculations agio-

teuses ; ce sera l'éternelle histoire du monde économique. Tant pis pour les individus compromis
dans la catastrophe, tant pis pour les vaincus. »
Ils pourraient ajouter tant pis pour le peuple qu'ils
affament quand ils sont vainqueurs. « Le malheur
des uns n'empêchera jamais les agioteurs de spéculer, quand même ils paient leurs défaites de leur
vie et de leur honneur. » Quelle perspective de
progrès, quel cynisme d'immoralité. Etonnons-
nous donc que l'indignation populaire menace
aujourd'hui de balayer ces immondices. Mais la
violence ou la force qui peut tout détruire, ne
saurait rien fonder de durable sans la définition
des principes qui correspondent à la saine pratique
de l'économie sociale.

Si, depuis 40 ans, nos dirigeants avaient pris
l'initiative d'une loi qui facilite et légalise la constitution de syndicats commerciaux, quand ils seraient
basés sur l'idée commutative, il arriverait, par
exemple, que des négociants en cuivre ou autres,
se syndiquassent pour l'achat de leurs produits et
qu'à l'étranger, le syndicat, aidé de nos agents
consulaires, entre en relations directes avec les
producteurs, soit du Rio-Tinto, du cap Cooper, etc.,
et traite par contrats ou marchés temporaires pour
la vente de ce produit, d'après un prix rénuméra-
teur (tel est l'esprit commutatif), et les parties y

trouvant sécurité et juste prix, aussitôt le *démon
de l'agiotage* rentrerait dans l'enfer d'où il est
sorti.

## *L'impôt.*

Sans énumérer ici toutes les forces économiques, signalons encore l'impôt dont l'emploi sert à
solder les services publics : Services improductifs
de l'administration, de la police, de la défense nationale, etc.

L'idée de l'impôt proportionnel est de faire
contribuer les citoyens aux charges publiques proportionnellement à leurs richesses ; c'est comme
une reprise de la société sur les privilégiés de la
fortune. Mais, dans la pratique, il n'en est rien,
les impôts sur le revenu, sur le capital, et tous les
impôts indirects et imaginables, sont comptés dans
l'industrie, le commerce, et dans l'échange, comme
frais généraux, et chargent d'autant le prix de revient des produits, et l'ouvrier qui n'échange que
son travail paie à lui seul, dans le haut prix des
denrées, la valeur de l'impôt. O contradiction !
On s'ingénue à proposer des réductions d'impôts
dans un sens et de les augmenter dans un autre,
on ne pense nullement à réduire les dépenses en
simplifiant les services (v. ch. 27), ainsi le com-

porte la centralisation, qui nous conduit à l'effondrement.

Vaines distinctions, s'écrient les communistes,
la seule force économique est la société, puisqu'elle
est la cause génératrice de toute richesse. Les contradictions que vous signalez sont le fait de la liberté et de l'égoïsme, lesquels, en s'introduisant
partout, à l'aide du capital, spéculent, agiotent,
accaparent, récoltant l'abondance en semant la misère sous leurs pas. Il n'y a que le retour de tous
les capitaux, à la collectivité, qui puisse résoudre
le problème social et l'application de la justice
distributive par la collectivité même. La justice et
la liberté que vous appelez sans cesse sont, dans
le domaine économique, le sujet de la guerre sociale, et l'homme ne demande la justice que pour
se garantir de sa faiblesse.

Il ne cesse, à cet effet, de réclamer la force et
l'autorité, pour obtenir son droit, mais en vain,
puisque l'autorité est du côté du plus fort, et c'est
cette autorité et cette force que nous voulons
exercer en son nom et dans l'intérêt de tous en
socialisant tous les capitaux au profit de la collectivité.

D'autre part, les gens nantis et satisfaits répondent d'un air de gravité sentencieux : ce ne sont pas
comme vous le prétendez, les forces économiques

qui sont contradictoires ; au contraire, c'est l'homme, c'est-à-dire ceux qui sont ambitieux et incapables, lesquels ne sachant pas se servir de la liberté, ne rencontrent partout que des obstacles et des déceptions dans leurs entreprises. Reconnaissez donc, avec nous, la fatalité des classes, des degrés de l'intelligence, des nécessités de l'autorité et des gouvernements forts, avant que de chercher par de vains et dangereux discours, à comparer ou à égaliser l'ineptie au génie, la force et l'activité des uns avec l'inertie des autres.

Ainsi raisonnent les conservateurs : ils sont comme les prêtres de Boudha enseignant que la fatalité des classes est d'ordre social, et afin d'adoucir la rigueur du destin, ils nous parlent de philanthropie, etc. Nous verrons, dans le cours de cet ouvrage, que si l'homme isolé est fatalement voué à l'ignorance et à la misère, il n'en est pas de même de l'homme vivant en société, et que la société n'est qu'à seule fin de rompre la fatalité par l'organisation des forces économiques et la pondération de la liberté, pour garantir à chacun l'indépendance du travail par l'appropriation des instruments de production que les communistes veulent accaparer au profit de l'Etat, et que les conservateurs, par des arguments fallacieux, réservent pour eux seuls.

# CHAPITRE V



## LE DROIT COMMUTATIF ET LE DROIT COLLECTIF.

Nous venons de démontrer, dans le chapitre précédent, que les lois économiques sont le fait spontané de l'activité, de la liberté et du génie individuel dans le travail et l'échange, et que dans la pratique ces lois renferment des principes, des forces opposées et contradictoires. Mais par l'absence d'un droit pondérateur inhérent à ces lois, de nécessité, la force a présidé à leur activité, laquelle, au nom de l'intérêt général, prétend en régulariser l'action. Cette force, qui paraît être la providence de la société (et que nous adorons tous), c'est l'autorité.

Mais, oh ! contradiction des contradictions, l'autorité émanant de la force qui est celle des intérêts établis, est toujours contre les plus faibles ; elle est donc conservatrice et ne peut rien pour opérer les réformes économiques. Le programme de l'autorité a été clairement défini par le général Boulanger dans une lettre au révérend Père Hyacinte Loison : « Il nous faut, dit-il, un gouvernement fort, bienveillant et charitable pour le peuple ». Pauvreté et charité, voilà le lot du prolétaire et les réformes promises par l'autorité.

L'autorité et les gouvernements forts sont donc impuissants à fonder l'ordre et la justice dans la société, et à réaliser aucune réforme, aucune amélioration dans la juste répartition de la richesse. Il n'y a qu'une loi supérieure à la force et à l'autorité, résultant de l'accord des intérêts, qui puisse résoudre le problème de nos contradictions. Et cette loi que les partisans du *laissez faire, laissez passer*, ont niée, c'est la loi ou le droit commutatif, que les jurisconsultes ont défini en deux mots : « rendre à l'échange autant qu'on reçoit ».

Le droit commutatif, formé entre les citoyens, a pour conséquence nécessaire d'établir une corrélation naturelle avec la société et de constituer son droit de suzeraineté sur toutes les valeurs qu'elle a contribué à créer (v. ch. 9), et qu'elle concède à titre de propriété individuelle, afin de garantir l'indépendance et l'activité de tous les producteurs.

C'est donc l'accord de la justice et de la liberté entre les citoyens qui peut seul créer la force collective et l'ordre social. Or, c'est le droit social et non l'autorité des intérêts établis, qui doit présider, non plus à la distribution de la richesse, ce qui serait un fait d'arbitraire et d'autorité, mais à sa répartition, en équilibrant la liberté du travail et en pondérant les lois économiques. Ainsi, la société, représentation de la force collective, en concédant le droit de propriété (seule garantie de la liberté individuelle), doit en régulariser l'action et le rapport commutatif entre les citoyens et avec elle-même *(hic)*. Voilà toute la question sociale.

Dans la grande lutte du travail collectif « contre la parcimonie de la nature », c'est de la différence des aptitudes et de la division des spécialités du travail que la richesse se produit et que par la réciprocité de l'échange, s'en opère la juste répartition, et que se constitue l'unité des producteurs, le droit et la force sociale.

En faisant abstraction de la réciprocité dans l'échange des produits et dans la valeur du travail, l'équilibre se rompt, et nous voyons les progrès de la misère, proportionnés à ceux de l'opulence de quelques-uns. Dans la société, une profession qui s'exerce sans réciprocité, est considérée comme entachée de vol. Telle est encore, à l'égard du commerce, l'idée du *commun des martyrs*. Il en est encore ainsi d'un maître qui, à l'aide de l'offre et de la demande, profite de sa force de capitaliste, pour réduire le salaire des ouvriers, réaliser des bénéfices supérieurs.

Par l'application du droit commutatif, les rapports d'équivalence de l'entrepreneur capitaliste, dans l'exploitation d'une œuvre collective, s'établissent aussitôt, avec le travail, par l'association, et ces deux forces cessent d'être antagonistes (1). Il en résulte la création des compagnies ouvrières, qui, en établissant un rapport commutatif avec l'intérêt général pour la vente de leurs produits à prix de revient (v. ch. 22), donneront ainsi le signe de la fédération des intérêts, dans l'exercice même du droit de propriété.

Si, comme la plupart des animaux, l'homme était isolé dans son travail et n'échangeait rien, il serait réduit à la misère. Mais il n'en est pas ainsi ; l'homme producteur, indépendant ou collectif, dans sa spécialité, crée par *l'échange* commutatif une force de collectivité, laquelle opère admirablement la répartition des différents produits, proportionnellement à la force productive de chacun. Sous la loi commutative, nous sommes dans la société comme les abeilles dans la ruche, qui, par la division de leurs travaux, vivifient instinctivement sous la loi de la communauté. Mais la communauté étant négative de la liberté

(1) Quand donc les partisans du droit économique *uni-latéral* sauront-ils comprendre ce grand principe d'ordre social ?

et de l'initiative personnelle, n'est pas, naturellement, applicable à l'homme. Seule, la loi commutative, dont il a conscience, ouvre la voie à la marche évolutive de l'humanité, par le droit, la justice et la liberté.

### Produit brut et produit net.

Dans la masse de la production nationale, le produit net ne se distingue pas du produit brut. Mais dans l'industrie privée, cette distinction se manifeste et le produit net se découvre : 1° dans l'agriculture, par la différence de qualité de terre, et dans toutes les industries extractives, par des rendements différents, avec un travail égal ou à frais égaux. Mais ici le produit net n'est pas le fait du travail. Seul, il est un don gratuit de la nature (v. ch. 12).

Dans l'industrie collective, comme dans le travail individuel, le bénéfice est un sujet d'émulation, il résulte légitimement de l'activité personnelle, de l'initiative et de l'application plus ou moins intelligente des moyens d'exécution (même dans les industries extractives). Mais le bénéfice net se limite toujours par la vraie concurrence, les progrès incessants de l'industrie et surtout par les rapports commutatifs dans les échanges qui doivent amener successivement le juste prix des produits.

Quand le bénéfice net d'une industrie ou d'un travail quelconque est supérieur à la force, à l'activité ou au génie dépensé dans le travail, il y a abus, destruction de la concurrence par le monopole, défaut d'équilibre dans les forces de la production, absence de réciprocité dans l'échange du produit ou du travail, violation de la loi commutative, et la misère des uns est proportionnée à l'abondance des autres.

## *L'égalité.*

Nous redoutons l'égalité parce que nous croyons que pour l'établir, il faut faire violence à la liberté. D'autre part, nous sommes contre l'égalité par égoïsme ; et cependant par dignité et par justice nous la désirons, puisque ceux qui produisent avec plus de peine sont ceux qui possèdent le moins. « *That is the question* » comme disent les Anglais. Comment donc sortir l'esprit de la confusion de nos idées?

Remarquons que la liberté pour tous est la première forme de l'égalité, et que dans la société, comme dans l'association volontaire, l'égalité doit être et ne peut être que proportionnée à l'apport ou plutôt à la force de chaque associé, — ce qui correspond aux besoins *naturels* de chacun. — L'égalité n'est donc, au point de vue social, qu'une question de mesure et de comptabilité, basée sur la réciprocité des services. Et pour établir cette mesure et cette comptabilité, la liberté seule en a le pouvoir. Ainsi, la liberté, aidée de la connaissance des rapports que nous entretenons les uns avec les autres, est le seul moyen d'établir la justice commutative que nous désirons tous. Et bien fous sont ceux qui, dans la grande lutte des intérêts, prétendent faire abstraction de sa force et de sa puissance.

# CHAPITRE VI

LE DROIT DE LA FORCE ET LA JUSTICE COMMUTATIVE.

Où le droit de réciprocité n'existepas, « le droit
de la force est devenu presque partout la première
des institutions sociales et constitue le droit de
fait. » (VIVIEN).

Il faut distinguer, dans la société, le fait légitime et le fait illégitime. Ainsi, du fait de premier
occupant, l'homme est devenu possesseur du sol,
c'est-à-dire de l'instrument de son travail. C'est le
droit naturel conforme à la justice. Mais l'accaparement, l'usurpation, la succession même en accu-
mulant les biens, ont créé le fait abusif de propriété, le pétitoire (ou droit dans la chose qu'un
autre possède), lequel ne peut qu'appartenir à
l'Etat de qui tout relève, seulement à titre de suzerain ou de protecteur. Le droit de propriété doma-
niale ainsi formé a permis à l'homme d'exclure
l'homme de la terre, de le rendre esclave (1), serf,

(1) Le *fait* atroce et barbare de l'esclavage, de la chasse à
l'homme, qui se pratique dans l'Afrique centrale sur des populations paisibles et inoffensives, a été reconnu de droit par

colon ou fermier, tributaire de la rente ou des plus-values que la terre produit. Voilà le fait abusif que la force, aidée de la législation, a constitué en droit. Droit barbare, négatif du droit naturel et contre lequel la conscience universelle proteste, tout en l'ayant admis. Or, l'appropriation exclusive, en constituant le domaine abusif de l'homme sur les instruments de travail qu'il ne fait pas valoir, est injuste parce qu'elle est la négation de la liberté du travail et du droit collectif.

Le sentiment de la justice est immanent en l'homme, mais dans la société où il se manifeste, il se transforme successivement selon le degré de civilisation. Ainsi, c'est d'après le droit de la force que s'établit d'abord la justice distributive, laquelle s'exerce du prince au sujet, du maître à l'esclave, du seigneur au serf, comme aujourd'hui du capital au travail. De même dans le communisme où l'Etat est seul propriétaire, souve-

les législations antiques; et la religion musulmane le reconnaît par la raison : « Que la race des croyants est destinée à commander l'autre ; celle des maudits, comme ils l'appellent, est destinée à servir ». Les colonies américaines l'ont pratiqué et reconnu, et le Brésil vient de l'abolir.

Le droit du plus fort a donc sa racine dans l'absolu humain, et dans nos sociétés civilisées, les partisans de l'exploitation de l'homme par l'homme, pensent encore que les uns sont faits pour commander, et les autres pour servir.

rain, seigneur, maître et capitaliste, tous les citoyens sont assujettis à la justice distributive, autoritaire et gouvernementale de l'administration.

La justice distributive procède donc du droit de la force, lequel a son origine dans la barbarie primitive : et de nos jours, ce droit et cette forme de justice se retrouvent encore par le fait d'usages abusifs que le législateur a codifiés. Mais il faut reconnaître qu'à l'origine, malgré les abus dont ce droit est fautif, il a donné aux sociétés antiques la première ébauche de civilisation, en contraignant l'homme primitif, grossier, paresseux et voleur, au travail, à l'industrie et à la discipline.

D'une façon générale, la justice distributive consiste à donner arbitrairement à autrui ce qu'on croit proportionné à son mérite (1). Mais elle s'exerce en l'absence de la liberté de celui à qui elle s'applique. L'autorité pure ou la justice distributive n'ont leur raison d'être que dans la famille, où tout est commun (voilà le point de départ du communisme) ; là, elle est tempérée par l'amour

(1) Il y a une exception en faveur de la justice distributive, c'est que la société doit l'appliquer aux criminels, afin de les ramener à récipiscence : aux indignes, aux mineurs abandonnés, afin de les préparer par la dignité et la liberté, à l'exercice du droit de propriété.

paternel ou familial où le plus fort se dévoue pour le plus faible. Mais hors du foyer domestique, cet amour n'existe plus et la justice distributive s'impose ou se conserve encore, au nom de la raison d'Etat, des intérêts établis, au nom du droit divin, c'est-à-dire de la force ; c'est le despotisme contre lequel notre dignité proteste.

La conséquence de ce principe offre de nos jours une monstrueuse contradiction, c'est qu'en développant l'industrie, il fait rétrograder la civilisation en réservant aux dirigeants, comme moteurs de l'activité sociale, la richesse, la science et la liberté ; le travail, l'obéissance, l'ignorance et la misère à tous les autres.

Nous allons voir aussi que c'est sous forme tragique et mystique que le droit de la force s'applique et se conserve. — C'est un fait de psychologie sociale que, l'homme primitif, ignorant et barbare reportait l'origine de ses pensées et de ses actions à la révélation ou à la volonté des dieux. — Ainsi, dans la Bible, Jehovah, le Dieu fort et tout-puissant, ordonne à son peuple d'exercer ce droit sur les tribus conquises, en les exterminant ou en les réduisant à l'esclavage. *Sanctus, Sanctus, Sanctus, dominus deus Sabahot !*

Le *sentiment* de la force exclusif dans le domaine des intérêts l'est également dans celui des

idées. Il nous porte souvent à frapper avant de raisonner. Il fit donc les héros et les martyrs ; ins-
pira Machiavel dans son livre du prince ; Torquemada pour l'inquisition, et la Saint-Barthélemy ;
Robespierre et ses Jacobins, contre la Gironde, la
noblesse et les Républicains ; puis, le 9 thermidor
contre Robespierre. J'allais oublier le 18 brumaire,
contre le Directoire ; le 2 décembre, contre le par-
lottage stérile des avocats.

Actuellement, dans l'ordre économique, nous
exerçons le droit du plus fort les uns contre les
autres, par la ruse et le mensonge, en surfaisant
notre valeur. L'industriel capitaliste l'applique au
salarié, comme on l'applique à l'âne en le char-
geant du bât, mais lui réservant le picotin.

Le droit de la force a sa racine dans l'absolu de
notre moi, et la justice distributive qui en résulte
a fait naître le bon plaisir. Elle est donc négative
de la liberté et repousse l'égalité économique. Et,
soit qu'elle favorise, punisse ou récompense, elle
n'a pas d'effet véritablement moral, parce qu'elle
ne correspond pas à un acquiescement réciproque
de la liberté et de la conscience ; elle est donc précaire, et quand nous en avons le pouvoir, notre
liberté la rejette avec mépris.

## *La Justice commutative.*

Toute autre est la justice commutative résultant spontanément de la liberté du travail, de la liberté de conscience : elle est réciproque dans les services, tolérante dans les idées. Elle implique, en économie sociale, l'appropriation individuelle des instruments du travail, ainsi que l'association des forces de la production. Tout comme en philosophie, elle ouvre les plus vastes horizons aux spéculations du génie. Elle est donc essentiellement morale.

Avec la justice commutative, la liberté de chacun est en activité, le génie se développe, l'inégalité rétrograde. Appliquée à l'intérêt général, elle sert à équilibrer et à socialiser les forces économiques, et sa garantie repose sur les justes conventions et les contrats, entre producteurs et consommateurs. Et par l'association des forces de la production, elle arrête l'antagonisme des intérêts entre patrons et ouvriers, crée l'ordre, en opérant paisiblement la fusion des classes. A cette hauteur, la justice commutative prend le nom de fédération industrielle, réalisant à tous les degrés de l'économie sociale, notre devise *républicaine : Liberté, Egalité, Fraternité !*

La conclusion de ce chapitre est que l'appropriation, illimitée, exclusive et sans réciprocité, de la terre et des instruments de production, au profit du seigneur, du maître ou même de l'Etat, est abusive, et n'a pu s'opérer et se conserver que par le droit de la force, qui est la cause de la guerre sociale ou de la lutte des classes, comme en Irlande, en Italie, en Belgique, en France, et généralement dans le vieux et le nouveau monde. La lutte pour l'existence se rencontre partout dans la nature. Voilà l'origine du droit du plus fort, droit exterminateur, dominateur, conservateur, dont nous venons de signaler les évolutions politiques et économiques. Et ce sentiment ou ce droit nous tient encore au cœur comme un regain de barbarie, nous faisant oublier sans cesse que l'homme ne s'est établi en société que pour éliminer la force brutale, afin de conserver le droit de chacun à l'existence matérielle et intellectuelle par la pratique de la justice commutative, en substituant à la subordination des services la réciprocité des services qui seule fait naître le droit bi-latéral, et transforme le droit de la force en droit collectif.

# CHAPITRE VII

## LA LIBERTÉ POLITICO-ÉCONOMIQUE.

Si on considère comme nécessaire à l'activité sociale la concentration des richesses ou des capitaux de toutes sortes aux mains de quelques-uns, le travailleur doit être subordonné ; il doit attendre tout de l'initiative ou de la gracieuseté du riche comme d'une nouvelle providence, pour obtenir à la sueur de son front son pain quotidien. Dans ces conditions, l'ordre social repose sur la subordination des services et l'assujettissement du travail au capital. Et la liberté du travail ne peut exister sans danger, car elle provoque incessamment les coalitions de patrons et les grèves d'ouvriers, et finalement la misère.

Est-il possible de supprimer cette liberté comme le désire le parti de la réaction ? Comme personne n'ose se prononcer pour l'affirmative, ce qu'il y a à faire n'est pas de rester dans le *statu quo*, il faut définir cette liberté, la reconnaître et la garantir à tous les travailleurs par des institutions économiques nouvelles et changer ainsi l'axe de l'activité sociale.

Si l'homme était seul sur la terre, comme Robinson dans son île, il jouirait d'une liberté illimitée, mais d'un bien-être bien restreint. Réduit à ses propres forces, il accueillerait avec bonheur un compagnon pour la partager, en se la garantissant réciproquement afin de décupler leurs forces. C'est donc la vie sociale qui fait naître cette idée, et nous en montre le prix par l'accord qu'elle comporte de la garantie des intérêts de chacun. Et cette garantie de nos libertés n'est autre que la loi commutative.

La liberté dont nous avons le sentiment est encore inexpliquée, elle paraît simple à notre *moi*, mais dans la société elle est complexe, parce qu'elle correspond à chaque faculté naturelle que nous avons le besoin et la volonté d'exercer pour la conservation de la vie. La liberté est d'abord personnelle et absolue ; dans la société elle se transforme et nous apparaît de nature transactionnelle. Il est temps, après avoir reconnu ces manifestations contradictoires, d'en déterminer l'action, d'en constituer la loi ou le rapport, d'après les principes de justice commutative qui seuls peuvent la conserver. L'ordre est à ce prix dans la société.

La science sociale a donc à démontrer : — 1° que la liberté individuelle est inséparable de l'idée de justice et de réciprocité ; — 2° que la liberté du travail est inséparable de l'idée d'appropriation et d'association. Cette liberté ne peut exister que par la garantie d'institutions économiques, lesquelles en se substituant au privilège, donnent à tous les travailleurs, qui sauront en profiter, l'égalité des moyens ; — 3° que la liberté de la pensée et de la conscience est jointe à l'idée de tolérance, du respect, de la dignité personnelle, et à l'idée morale ; — 4° que la liberté collective, dont l'Etat est le représentant, nous apparaît comme principe initiateur ou d'autorité, et que la liberté politique, est ou doit être essentiellement limitative de toute autorité. C'est-à-dire que, dans les questions d'intérêt général, le premier mot appartient à l'autorité, et le dernier à la liberté. Tel est l'esprit de la Constitution suisse.

Quoi ! la liberté politique dont nous jouissons depuis 1848, ne nous servirait toujours qu'à plébisciter, afin de remettre la souveraineté du peuple aux mains de représentants, mandataires sans mandat, et nous les verrions éternellement occupés à politiquer, à intriguer, organiser et désorganiser le gouvernement, et impuissants ou incapables d'organiser la société. Voilà ce qui, depuis quarante ans, fatigue l'opinion et prépare la restauration du pouvoir personnel.

Les représentants du suffrage universel ressemblent à leurs mandataires, ils parlent sans cesse dans leurs professions de foi de la liberté et du progrès, mais à peu près étrangers à la science sociale, ils sont impuissants à en faire l'application. Routiniers de l'économie politique, dont le code est l'expression, et les avocats les défenseurs, ils subissent dans le Parlement l'influence de ces derniers. La corporation des avocats n'est sans doute composée que de gens honorables, d'orateurs spirituels, et de savants en *us*; mais point philosophes, et surtout étrangers à l'esprit de transformation économique dont la liberté du travail porte le germe. Inspirés, malgré la Révolution, de l'esprit de la *Basoche*, ils sont les procureurs, toujours prêts à constituer le *fait en droit*, c'est-à-dire les privilèges ou concessions temporaires, à perpétuité, à l'aide des prorogations successives, etc. Distinguant avec le code le pétitoire du possessoire, ils admirent la subordination du fermier au propriétaire, de l'ouvrier au capital, etc. Acclamant sans cesse la liberté politique et économique, à l'aide desquelles ils escamotent la souveraineté du peuple, ils définissent la liberté du travail, par l'offre et la demande. Ils se disent surtout révolutionnaires et ne sont que conservateurs, et finalement réactionnaires.

Nous pensons, avec les amis du peuple, que le code Napoléon est, au point de vue économique, la

Charte conservatrice des abus qui, dans tous les temps et sous toutes les formes, se sont introduits dans la propriété. Mais nous avons la certitude, et nous le démontrerons, qu'on peut supprimer l'abus et conserver la chose. Oui, la propriété sous toutes ses formes, expurgée du bail à ferme, de l'hypothèque usuraire, et du droit d'*aubaine* sur les plus-values, sera la garantie de toutes les libertés. Or, la liberté du travail reposant sur l'appropriation, devient essentiellement active, développe l'intelligence économique de l'homme et son esprit d'initiative ; elle est donc le facteur le plus puissant de production et de moralisation. La liberté du travail ne peut être subordonnée dans la personne du fermier au propriétaire de la terre, celle-ci n'étant qu'un instrument de travail ; ni au capital, métal qui n'est qu'un agent de circulation (que le commerce remplace avantageusement par le billet de banque) ; ni à la division du travail, que la finance et le patronnat exploitent à leur profit ; encore moins à la Commune ou à l'Etat, qui ne doivent rien exploiter par eux-mêmes. Enfin, la liberté du travail implique l'appropriation des capitaux par ceux qui le font valoir (1). Mais cette appropriation, limitée à ce

_______

(1) Les Américains ont cru faire quelque chose de sublime en faveur de la liberté du travail, en supprimant d'un trait

que l'individu, l'association ou la compagnie peut mettre en mouvement, est le frein tout-puissant à opposer au despotisme du capital métal, du domaine terrien, du patronnat, et aux envahissements de l'Etat, le plus redoutable de tous.

l'esclavage. Il aurait été nécessaire, au point de vue de l'humanité, de préparer cette émancipation de trois millions d'hommes, en donnant successivement aux plus capables, avec la liberté, la terre qui ne manque pas là-bas, et de préparer par l'instruction, une génération de producteurs libres et reconnaissants. L'émancipation en bloc et sans préparation, sans appropriation, a créé une classe de parias, machine libre d'exploitation. L'Américain ne supporte pas même à table d'hôte le noir émancipé sans protester. Oh! abus de la propriété, quand donc disparaîtrez-vous?

# CHAPITRE VIII



L'être moral, complet (joint à lui-même), est celui chez lequel l'éducation a transformé les bas instincts, et permis d'équilibrer ses passions, qui sont l'essence même de l'âme, et d'en tirer les vertus qui distinguent l'homme de la brute. L'homme est né libre, puisqu'il pense et raisonne. Or, il fait sa destinée lui-même, selon qu'il sait ou qu'il a le pouvoir de faire usage de sa liberté. De même, une société normale serait celle où la science économique nous aurait appris à pondérer les forces qui la composent, afin de ramener à leur juste valeur les œuvres de l'homme.

Le *Petit dictionnaire* dit : « L'égoïsme est le vice qui rapporte tout à soi. » Mais ce qu'il ne dit pas, c'est que la nature nous l'a donné pour notre propre conservation, et que les hommes vivant en société conservent toujours le sentiment de leur autonomie et de leurs intérêts.

## *Rétrogradation de l'égoïsme par la liberté.*

L'homme est né sociable, et la nécessité le porte aussi à vivre en société, où notre liberté, pour sa propre sécurité, amène notre égoïsme à composition avec autrui, en transigeant réciproquement sur des intérêts ou sur des choses que d'abord le moi se réservait. Voilà la première manifestation de la justice commutative formée par la liberté (1), laquelle en transformant ou en pondérant notre instinct égoïste, développe celui de sociabilité et de justice, et en se généralisant, constitue le droit commutatif, qui s'établit ensuite, par des conventions et des contrats d'où résulte une puissance de collectivité luttant pour

(1) On nous reprochera peut-être notre esprit de matérialisme : de compter avec l'égoïsme, et de ne pas chercher à développer en nous le principe contraire, l'Altruisme (vivre pour autrui), ce qui serait plus moral. D'abord, pour fonder l'ordre moral, il faut régler les intérêts, et comme dit le proverbe, ventre affamé ne connaît pas de règle. Si la liberté qui est de nature trai actionnelle a pu transformer l'instinct égoïste pour la garantie de mutuels intérêts, aussitôt la conscience a le sentiment de réciprocité qui est celui de la justice même. La raison formera la *volonté* pour en établir la garantie, et au besoin pour en revendiquer l'application ; tel est encore le sentiment de dignité que l'idée du juste fait naître. Qui ne sait que pour le peuple la parole donnée est

le bien-être « contre la parcimonie de la nature »,
ce qui, en regard de notre chétive individualité,
établit la solidarité des intérêts et cimente le lien
social.

Or, le but de la société étant de garantir le
droit de chacun, il nous faut considérer l'homme
vivant en société tout à la fois comme producteur
et comme consommateur, dont la conséquence
logique sera de nous garantir réciproquement la
vente et l'achat, la qualité et le juste prix en toutes
choses. *Voilà le socialisme pratique.* Autrement,
la société n'est qu'un mensonge, elle renferme
dans son sein des germes de dissolution et d'extermination ; et nous retournons par l'instinct de
pur égoïsme à l'état d'étrangeté, à la barbarie.

sacrée ; parole d'honneur et dignité doivent faire partie consti-
tutive de l'économie, de la politique et de la morale. Ces simples notions suffiront pour nous inspirer l'aversion de l'injustice qui frappe autrui. Voilà donc l'idéal et le droit constitué
dans la conscience, et dont la négation peut entraîner les
masses vers la Révolution, et aux luttes héroïques contre l'iniquité. L'altruisme, la charité, le dévouement, sont des vertus
personnelles, mais ne s'imposent pas : elles ne font pas partie
du droit. Mais l'éducation morale doit nécessairement les développer en nous, afin d'amortir les faces anguleuses de la
justice pour la gloire et le bonheur de l'humanité.

# CHAPITRE IX



### INFLUENCE DE LA SOCIÉTÉ DANS LA CRÉATION DE LA RICHESSE ET DANS LE DÉVELOPPEMENT DU GÉNIE INDIVIDUEL.

Dans l'ordre économique, comme dans l'ordre scientifique, c'est la société bien plus que l'individu qui concourt au développement du génie et à la création de la richesse : 1° parce que l'homme isolé est impuissant à produire, et sa condition est la misère ; 2° la société n'a-t-elle pas à son actif toute l'expérience du passé, et les inventions du génie accumulées de générations successives, qu'elle offre gratuitement à nos différentes aptitudes, afin de servir à leur instruction ? Or, il résulte que le savoir et la richesse ne sont pas le seul fait de l'individu qui les possède, mais de la société qui nous donne le moyen de les acquérir. « La science d'un Newton a coûté cinq mille ans de travail à l'humanité » (1).

(1) M. Jules Simon se trompe quand il dit : « Celui qui chauffe une chaudière travaille moins en trente ans, que Denis Papin, en cinq minutes ». C'est avec des idées de ce genre qui n'ont de réalité que l'apparence que nous grandissons outre

Les riches ont donc à compter avec l'origine de leur fortune, et les savants n'ont pas lieu de s'enorgueillir de leur savoir, car ils sont tous débiteurs envers la société. Il résulte que la solidarité et l'égalité des conditions ou des moyens matériels est la loi de l'humanité.

On se demande comment ces vérités, toutes de psychologie sociale, ne furent pas aperçues des anciens? Ils avaient bien senti cette influence de la société, mais d'une façon mystique ; et sous le nom de providence, ils en reportèrent naïvement la cause au ciel en disant : « Toute richesse, toute science, toute autorité viennent des dieux qui les donnent à qui leur plaît, selon leur divine sa-

mesure les hommes, et qu'on crée au titre du plus méritant, la vanité et les privilèges, et que l'idée de l'égalité sociale s'efface de plus en plus de la société. Remarquons donc que Denis Papin, dans sa spécialité était physicien, et que cette science qui a servi son invention, avait déjà coûté quelques mille ans de travail à l'humanité. Nos inventions sont toujours précédées par des inventions, et dans l'œuvre collective, chacun ne fait qu'apporter à l'œuvre de nos connaissances la petite pierre qui doit constituer la science. Sans doute, il y a dans notre esprit une exception légitime en faveur du savant contre l'ignorant. Au point de vue économique, la société ne reconnaît de valeur à solder à chaque producteur que celle d'une simple unité de force. Mais, afin de récompenser l'inventeur, et pour le couvrir des frais nécessités par ses recherches, elle lui accorde par privilège temporaire UN *brevet*, mais sans garantie.

gesse ». Sous cette naïveté, l'égoïsme et l'absolu humain ne pouvaient pas mieux s'abriter.

La cause de la puissance civilisatrice de la société reportée au ciel, la richesse et la science, considérées comme un présent des dieux, et l'autorité comme une émanation d'en haut, l'ordre primitif de la société était fondé et allait contraindre la masse encore barbare à y participer, mais à titre onéreux. Or, la première manifestation de la justice économique sera distributive, c'est-à-dire autoritaire, arbitraire, reposant sur la force ; telle est l'origine du droit divin, cette forme première de l'absolu de notre moi.

Il faudrait un volume pour raconter les luttes et les catastrophes qu'a causées cette intervention de la théologie dans l'économie et la politique des nations ; et si elle en fut bannie en 89, cela n'a rien changé dans la pratique. Il nous faut donc reconnaître, avec la théologie chinoise, que Dieu ne veut que ce que l'homme veut, c'est-à-dire qu'il nous est difficile de nous départir de notre despotisme, que nous avons vu à l'œuvre dans notre chapitre sur le droit de la force.

De l'influence de la société dans la création de la richesse et dans le développement du génie individuel, il résulte que la force de chacun, comparée à la force collective, est pour ainsi dire comme un est à mille, ce que la simple unité est à la série. D'autre part, la faculté productive et intellectuelle de l'homme dans chaque spécialité du travail (notez dans chaque métier) est en moyenne comme un est à un, *rarement* comme deux sont à un (abstraction faite du génie inventeur avec lequel nous allons compter tout à l'heure). Chacun sait encore que si notre faculté de production est limitée, celles de consommer, de posséder, d'accaparer, sont illimitées. C'est ce qui a fait dire que : *l'homme pour l'homme est un loup*. Chaque travailleur ayant droit à son produit, le droit commutatif que nous allons instaurer a pour but d'en garantir à l'échange la valeur intégrale, empêchant ainsi d'en surfaire ou d'en majorer la valeur, à seule fin de rétablir la proportionnalité entre notre faculté de production et celle de *préhension*.

# CHAPITRE X



La science économique, d'accord avec la pratique sociale, reconnaît que de l'inégalité des vocations ou de la variété des aptitudes de chacun, résulte l'équivalence des diverses spécialités du travail. Et la société étant le lien, la relation qui rapproche par l'*échange* tous les producteurs, nous montre par ce rapport la solidarité de tous les intérêts dans la production de la richesse et dans sa répartition.

Mais qui dit solidarité dit égalité, et l'égalité se découvre et s'établit en prenant la mesure de nos inégalités. Voici comment. La différence du revenu individuel, dans chaque profession, s'établit ordinairement d'après les frais, risques joints à chaque métier. Ainsi, la rémunération de l'artisan comme celle du savant, se proportionne aux frais d'apprentissage, d'application, de mise en œuvre, etc. Le casseur de pierres, dont l'apprentissage est nul, est rémunéré d'après son activité ou la force dépensée dans le travail ; un médecin qui a dépensé

20,000 francs pour son instruction, et qui commence à produire à 30 ans, s'il travaille jusqu'à 60 ans, doit gagner en plus de la journée moyenne du manœuvre, les frais qu'il a faits pour obtenir son diplôme. Et il peut arriver qu'à la fin de sa carrière, par la concurrence qu'il soutient avec ses confrères, il soit sur le pied de parfaite égalité avec le travailleur à 4 francs.

D'autre part, la société reconnaît que les inventions du génie, servant à la création de nouvelles richesses, sont plus qu'équivalentes ; aussi, comme nous l'avons dit, accorde-t-elle comme prime d'encouragement, un brevet, mais sans garantie. Telle est la pratique dont la société se sert pour mesurer et établir par un étalon unique la valeur de nos œuvres, d'après les frais et risques du travail, et récompenser le mérite du génie inventeur (1).

(1) Mais, observent les communistes possibilistes, les brevets sont souvent acquis à la spéculation au détriment même des inventeurs, qui n'ont pas les moyens ou les capitaux pour les faire valoir. C'est donc à l'Etat d'acquérir le brevet, en indemnisant suffisamment l'inventeur, et de l'exploiter au nom et dans l'intérêt de la collectivité.

Nous demandons qui sera juge de la valeur de l'invention ? Ils répondent : une commission de praticiens nommée par le gouvernement. Alors, il y aura une censure pour le génie inventeur « comme pour les fous ». La société ne se conserve qu'autant qu'elle se dérobe à la spéculation des particuliers » et à leurs folles recherches.

Nous venons de voir que la société tend à établir l'égalité dans la sphère du travail, en prenant la mesure des frais qui le mettent en mouvement, et qu'elle récompense le mérite du génie inventeur par un brevet. Mais il n'en est plus ainsi des inégalités sociales qui résultent de la contradiction des forces économiques que nous avons définies au chapitre 4, et des abus innombrables (consacrés par la force des lois), qui sont le produit de la routine, de l'ignorance, de la répartition de la richesse et de l'abandon par tous les gouvernements des plus-values naturelles produites par la collectivité (v. ch. 12) et dont nulle individualité n'a droit de s'emparer.

Ces difficultés, considérées jusqu'alors comme insolubles, portent les socialistes communistes à reconnaître comme nécessaire l'exploitation universelle de l'industrie par l'Etat (quelque chose comme le travail en régie). Ils prétendent que la société étant la cause principale de la formation de la richesse, elle doit en être la puissance directrice et distributive, et qu'à elle seule appartient le droit de réglementer le travail. Ils considèrent que notre mesure des inégalités est toujours l'application du droit de la force, avec lequel il y en aura toujours qui s'arrogeront la part du lion. Nous observons que toutes les forces productives n'étant pas égales, tout ne doit pas être égal dans la répartition. Aucun ne proteste contre l'inégalité naturelle des personnes ; on ne proteste que contre l'inégalité sociale. Tout le monde sait que celui qui dépense beaucoup de force et d'activité dans le travail, consomme davantage pour les réparer que celui qui est plus faible et produit moins. La force a droit à son produit, mais cela n'exclut pas l'équivalence et l'égale utilité de chaque profession, et, comme nous l'avons dit, la différence de rémunération dans chaque spécialité du travail, est ou doit être proportionnée aux frais ou à la force qui entre dans la formation du produit.

Voilà donc l'égalité démontrée dans toutes les spécialités du travail par la mesure même de nos inégalités, c'est-à-dire que la rémunération est proportionnée aux frais, à la force et aux besoins naturels du travailleur. Or, la question sociale, comme celle de la répartition de la richesse, n'est qu'une question de comptabilité, et non d'autorité.

# CHAPITRE XI



L'INÉGALITÉ NATURELLE ET L'ÉGALITÉ SOCIALE.

Les communistes regardent la justice commutative, c'est-à-dire la réciprocité dans l'échange et le travail, comme entachée de l'esprit de l'économie bourgeoise. Quoi, disent-ils, service pour service, valeur contre valeur, c'est à l'échange des produits toujours l'inégalité des conditions, car le plus faible ne recevra que proportionnellement à ce qu'il apportera et la réciprocité ne fera que consacrer la force et le bien-être des uns contre la misère et la faiblesse des autres. Ils observent que vous avez dit avec raison que la richesse est un fait collectif, résultant du rapport des diverses aptitudes et des différentes forces qui concourent à sa formation. Mais c'est surtout de cette immense force de la division du travail général, où la plus faible unité est indispensable pour produire le tout, que résultent le bien-être et la richesse collective.

C'est donc, ajoutent-ils, au nom de la justice distributive ou autoritaire, que l'Etat doit donner à chacun une part égale dans la répartition du produit collectif, ou du moins, proportionner cette part aux besoins de chacun.

Nous espérons démontrer dans ce travail que chacun a droit à son produit. Sans doute, la société contribue pour la plus forte part au développement de la richesse, mais nous observons aux communistes que le travail individuel y contribue pour quelque chose, et ce quelque chose a toujours protesté au nom de la liberté contre la justice distributive du seigneur ou du maître, comme il protestera contre celle de la commune ou de l'Etat, tous deux impuissants à établir une répartition satisfaisante, la faculté de consommation étant supérieure à celle de production.

Puisque la collectivité ou la société participe à la production de la richesse de même que l'individu, elle a droit à son produit. Mais afin de conserver la liberté du travail, sans laquelle la société ne serait qu'un bagne, elle n'a donc qu'un droit de reprise à exercer sur les plus-values naturelles qu'elle fait naître, lesquelles se découvrent à proportion de l'accroissement de population (v. ch. 12), tout comme elle a droit d'entrer en part dans les grands héritages, afin d'empêcher l'agglomération aux mains de quelques-uns, des biens ou des richesses qu'elle contribue incessamment à produire.

Les reprises d'une partie des plus-values de
toutes sortes que la société doit opérer sur les
propriétés qu'elle a concédées, sont pour ainsi dire
le fruit de l'épargne collective, dont les plus forts
se sont emparés ou que l'ignorance a abandonnée. Mais on ne prescrit pas contre le droit collectif et la justice, car, « contre l'ennemi, la revendi-
cation est éternelle. »

La collectivité, en possession de ses revenus
légitimes (à titre de co-propriétaire ou de com-
munier), ne s'en servira pas pour alimenter un
budget parasite ; loin de là, avec le produit, elle
constituera des institutions d'intérêt commun (dont
nous parlerons), elle protégera aussi nos industries
extractives, notre agriculture, par des compensations, là où à travail égal, le rendement est inférieur, etc.

Quant aux inégalités naturelles, physiques ou
intellectuelles, l'économiste n'a pas à s'en préoc-
cuper ; il ne connaît qu'une chose, c'est de pourvoir à l'égalité économique, à la liberté du travail
et à la liberté politique en établissant, à l'aide
d'institutions d'intérêt général, l'égalité des
moyens. Le reste est affaire de philanthropie.
L'homme, dont la force productive et l'intelligence sont *trop au-dessous* de la moyenne, l'in-
firme qui ne peut pas, par son travail, suffire à

ses besoins, doivent trouver dans l'assistance publique de quoi y subvenir. Alors l'inégalité naturelle qui embarrasse fort les communistes passera inaperçue, parce qu'elle n'est pas plus un obstacle à l'égalité économique qu'il s'agit d'établir, que les montagnes ne sont un obstacle à la rondeur de la terre.

CHAPITRE XII


DES PLUS-VALUES NATURELLES ET COLLECTIVES

En montrant la civilisation se développant sous
le droit de la force, contraignant la masse encore
ignorante et barbare à y participer à titre *onéreux*, nous avions déjà remarqué que sous cet
arbitraire même, les classes opprimées avaient
successivement développé leur génie, acquis le
sentiment de la justice et réalisé le droit, mais
sans cependant en avoir encore une conception
claire et pratique applicable à toutes les classes de
la société. Malgré les progrès réalisés, si le droit

(1) Au point de vue économique, *plus-value* signifie rendement supérieur d'une terre, d'une mine, d'une maison, etc.,
lesquelles, comparées à d'autres de même espèce, rendent à
travail égal ou à frais égaux, cent à deux cents pour cent de
plus que d'autres. Une maison construite dans un quartier
populeux passager rendra en valeur locative, 15 à 20 0/0 de
plus que la même maison située dans un quartier excentrique.
Cette plus-value locative est le fait de la collectivité ou de
l'agglomération de la population, et nullement celui du propriétaire qui la reçoit comme *aubaine*. Les municipalités auto-
risées par une loi explicite, pourraient exercer une reprise
proportionnelle aux plus-values locatives, afin de former, là
où il y a lieu, la base du budget communal et supprimer les
octrois.

de la force a perdu de sa brutalité, les abus qu'il
a consacrés n'en existent pas moins et, comme
par les temps passés, ils se retrouvent encore dans
les lois ; *c'est ce que nous verrons pour le droit
absolu de la propriété terrienne et pour la propriété capitaliste dans les deux chapitres suivants.*

Ce chapitre est un des plus importants de notre
première partie, et nous pouvons ajouter que sans
la compréhension de la définition des plus-values,
l'économie sociale reste obscure et que la puissance envahissante et dominante de la richesse
individuelle assujettira l'immense majorité dès travailleurs, en la confinant dans l'ignorance et la
misère.

En définissant, d'après Ricardot, l'origine de la
rente de la terre ou des plus-values qu'elle produit, on aura compris d'une façon générale que
les immenses revenus de la propriété foncière,
comme ceux de l'industrie et de la finance, n'ont
de raison d'être que par la collectivité, et nous
verrons que la rente de la terre et des industries
extractives suivent pour ainsi dire le mouvement
*crescendo* et *decrescendo* de la population. Ne
s'étant pas rendu compte de ce phénomène économique, on a cru longtemps que les revenus
fonciers étaient inséparables du droit de propriété,

quoique cependant, sous l'ancien régime, la rente de la terre servait comme part du prince et du seigneur, en compensation de l'exercice de leur juridiction, etc.

Mais, aujourd'hi, il n'en est plus ainsi ; l'impôt sert à solder tous les services. C'est donc à juste titre que nous considérons l'abandon des plus-values ou rentes foncières comme une *aubaine* pour le seigneur ou propriétaire, puisque jadis elles étaient ou paraissaient affectées à récompenser ou à solder un service public.

Ce que les esprits clairvoyants pressentent aujourd'hui, ce n'est pas, comme l'a dit le politicien Gambetta : « l'avènement d'une couche nouvelle dans la politique », mais bien une irruption prochaine du travail dans l'économie bourgeoise, ce qui est autre chose. Jacques Bonhomme devenu quelque peu philosophe, commence à découvrir que les ressorts qui font mouvoir la roue de la fortune, « la font tourner toujours contre lui ; il est lassé de prier et de payer » et de fournir l'enjeu qui ne lui revient jamais. Or, il se prépare à compter et à établir par raison les titres qui serviront à représenter son droit, ou sinon, comme autrefois, il tentera, en connaissance de cause, de l'appliquer les armes à la main à titre de dernier argument. Mais, non, la vérité se découvre à cha-

que instant, elle est accessible à tous les hommes.
Et la seule polémique suffira pour faire rendre à
ce nouveau César ce qui lui appartient. Paix aux
hommes de bonne volonté.

### *Définition de la rente foncière.*

Il y a dans l'exploitation des valeurs naturelles :
la terre, les mines, les forêts, etc., une différence
de fécondité, qui, à travail égal ou à frais égaux,
diffère de valeurs productives de plus de deux
cents pour cent. Ainsi, nous exploitons à frais
égaux des terres de première qualité dont le blé
revient à 1 fr. 50 le double-décalitre, et d'autres
de dernière qualité où il revient à 4 francs au
cultivateur.

Dans un pays comme la France, où la récolte
des céréales est souvent insuffisante, le prix du
blé ne s'établit pas par la concurrence des cultivateurs, il est pour ainsi dire établi arbitrairement par le commerce ou la meunerie, et le cultivateur ne sait pas plus combien il vendra son
blé que sa laine. Si nous étions plus rigides en
économie, le prix du blé devrait s'établir d'après
le rendement de la dernière qualité de terre, que
nous sommes obligés de cultiver, dont le prix de
revient est année moyenne de 4 francs.

De quelque manière qu'on envisage la question, il arrive toujours que le propriétaire cultivateur de terres à grand rendement, où le blé revient à 1 fr. 50, le vend aussi 4 francs, réalisant ainsi une rente ou *aubaine* de 2 fr. 50 par double-décalitre, tandis que celui qui cultive la dernière qualité fait à peine ses frais. Et cette aubaine pourrait encore s'accroître si, par l'augmentation de population, nous étions obligés de cultiver des terres de moins en moins productives, et cela au grand désavantage des consommateurs. C'est donc l'augmentation de population qui produit la rente de la terre, et le peuple qui paie l'*aubaine* (sur le prix du pain) que reçoit le propriétaire des terres de qualité supérieure, celui-ci profitant seul des plus-values foncières que la nature a données gratuitement à tous.

Si, par hypothèse, la population diminuait de moitié, nous cesserions de cultiver les terres de qualité inférieure, lesquelles retourneraient en friches ; mais aussi les propriétaires des terres à grand rendement verraient tomber de moitié la valeur de leurs rentes, et tout en faisant bien leurs affaires, le blé ne se vendrait que 2 francs, et le pain serait à bon marché.

La statistique nous démontre que les terres à grand rendement, comparativement à celles qui ne font que leurs frais, réalisent une rente ou *aubaine* de un milliard six cents millions sur la cherté des céréales. En laissant, par exemple, au propriétaire cultivateur de ses terres, le tiers de cette plus-value, soit 533 millions à titre de bénéfice net (ainsi que le conseillait Proudhon dans sa théorie de l'impôt), et comme encouragement à l'amélioration du sol, le reliquat de 1 milliard 67 millions qui reste serait perçu comme taxe de compensation (1), servirait à indemniser les terres de qualité inférieure, ce qui mettrait tous les cultivateurs sur le pied d'une parfaite égalité ; le prix du blé baisserait et la rente de la terre, au lieu d'être dévorée par l'oisif, servirait incessamment à l'amélioration de notre agriculture, et le pain serait à bon marché.

*La valeur vénale des terrains à bâtir* est encore formée par la collectivité communale, soit par l'ouverture d'une voie de circulation, ou l'établissement d'un marché, etc., ce qui amène une population flottante, attire le commerce et produit

______

(1) Nous avons lu dans un journal que M. de Bismark pratique à sa manière le régime des taxes de compensations. Il dit : La France frappe d'un droit d'entrée nos alcools, eh ! bien, je donnerai une prime égale à l'exportation, et je la ferai supporter à nos buveurs de gouttes, en élevant les droits de consommation. Il protège ainsi l'industrie allemande de l'alcool, et la culture betteravière.

*Nos utopies.*                                          9

la plus-value des terrains. La commune a donc droit sur les plus-values que la collectivité fait naître.

Pourquoi les propriétaires des terrains dont la valeur vénale était à l'origine de 75 centimes le mètre, les vendraient-ils à leur seul profit de 5 à 200 francs, ou en compteraient-ils le prix dans la valeur des constructions, dont les locataires devront éternellement payer le prix par la cherté des loyers?

La reprise des plus-values de toutes sortes si faciles à découvrir, sera dans l'avenir la base principale de l'assiette de l'impôt, puisqu'elle n'affecte en rien la production et la consommation, et qu'elle arrête sans arbitraire et à leur source les abus de l'appropriation individuelle et du droit d'aubaine, mais surtout de l'agiotage sur les terrains.

La conclusion de ce chapitre est, qu'à l'aide du crédit foncier gratuit, les assurances mutuelles sur tous les risques (1), la constitution de la va-

---

(1) Aujourd'hui, une action de la C$^{ie}$ générale d'assurance incendie, valant à l'émission mille francs, rapporte 1,600 francs de dividende et se vend 35,000 francs. Il en est ainsi des grands charbonnages. Et dire que c'est la bêtise humaine qui alimente ce parasitisme, que l'assurance générale et mutuelle sur tous les risques ferait si bien disparaître.

leur du blé d'après la récolte moyenne des terres de dernière qualité, et les taxes foncières de compensation, seraient triplement suffisantes pour améliorer notre agriculture et nous passer des droits protecteurs qui chargent notre industrie. Mais il serait nécessaire de faire rentrer dans les services d'utilité publique à prix de revient, le commerce de la meunerie (V. chapitre XXII). Nos dirigeants ne peuvent pas comprendre : cela est hors de leur portée. Il semble que chez eux la force qui fait mouvoir l'esprit, a déserté le cerveau pour se concentrer uniquement dans la mâchoire.

# CHAPITRE XIII


### ABUS DU DROIT ILLIMITÉ DE PROPRIÉTÉ.

Nous croyons devoir rapporter ici un article du journal le *Petit Caporal,* du 20 novembre 1878, intitulé : *Révolution en Italie,* et signé **J.** Amigues, lequel montre bien mieux que nous ne saurions le faire, l'influence désastreuse que le droit illimité de propriété ou le monopole terrien exerce sur des provinces entières, ce qui est aussi un argument en faveur de la limitation et de la division de la propriété.

« La vérité est que cette province de la Basilicate, comme la Capitanate, et la plus grande partie du Royaume de Naples, est dans une condition économique et sociale qui favorise singulièrement les révoltes et les fureurs par où se manifestent de temps à autre, dans l'histoire, les revendications des races déshéritées.

C'est un pays ou du moins une terre excessivement riche que cette Italie méridionale, mais dont la destinée historique n'a point réparti la richesse suivant des proportions normales et à l'abri d'institutions régulières.

Depuis deux mille ans et plus, les invasions et les conquêtes y ont succédé l'une à l'autre sans s'y créer jamais une assiette définitive, sans y engendrer un état de véritable civilisation. Les Grecs, puis les Romains, puis les Barbares, puis les Sarrasins, puis les Normands, puis les Angevins, puis les Espagnols, s'y établissent successivement ; puis les Bourbons y campent pour un peu de temps jusqu'à ce que la dynastie de Savoie les y remplace.

A travers tout cela la propriété ne parvient pas à se fixer et à se donner un régime légal. La terre est à ceux qui l'occupent par la force. En de bien rares endroits elle se divise entre ceux qui la cultivent. Pas de petite propriété, pas de classe moyenne. Vingt lieues carrées de terrain sont aux mains d'un possesseur unique, et çà et là, sur cette étendue immense, des populations misérables vivent par troupeaux, agglomérées dans des amas d'habitations que la géographie qualifie de « grandes villes » et qui ne sont en réalité que des refuges pour cette pauvre plèbe, proscrite d'une campagne dont le sol ne lui appartient pas.

Quand vous parcourez ces pays, à cheval, ou bien en chemin de fer, le long de l'Adriatique, vous voyez des plaines infinies et magnifiques, où les cornes des bœufs dépassent à peine la cime des blés géants ; mais point d'habitation, nulle part, à perte de vue. On se demande quelles mains mystérieuses cultivent ce sol enchanté.

Tout à coup, au milieu d'une touffe d'arbres ou sur le penchant d'une colline avancée de l'Apennin, apparaît un bloc de constructions, bloc énorme et solitaire. C'est la *masseria* de tel ou tel seigneur, le centre d'exploitation de sa terre féodale.

Tous les ans, aux époques de semailles ou de moisson, l'intendant de ce grand propriétaire s'en vient louer dans telle ou telle ville, à Potenza, à Noggia, à Castrovillari, quelques centaines d'ouvriers de la terre, que l'on conduit en bande à la masseria. Ils y gagnent, pendant quelques mois, six sous par jour et des coups de bâton. Puis on les rend à la liberté, c'est-à-dire à la misère.

Ils retournent à la ville, et la campagne appartient désormais aux brigands, contre lesquels les gardiens de la masseria se défendent comme ils peuvent.

Telle était la situation de ces pays au temps où Justinien, empereur de Constantinople, lançait ses édits contre les « voleurs à cheval, *prædones equestres* » de la grande Grèce ; telle elle est encore aujourd'hui.

Il est humainement impossible qu'une hygiène économique aussi détestable n'engendre point la plaie du socialisme partageux.

Aussi a-t-on vu, en Calabre, par exemple, des paysans de la plaine s'emparer de vive force des plateaux de la Sila pendant plusieurs années de suite, et les occuper chaque année au nom d'un véritable droit de conquête, jusqu'à ce qu'ils y eussent recueilli la moisson.

Le gouvernement italien est parvenu, plus ou moins complètement, à avoir raison de ces paysans ; mais beaucoup d'entre eux se sont faits bandits.

On voit que c'est là un terrain merveilleusement préparé pour une « révolution sociale » dont Passavante n'est, selon toute apparence, qu'un des lamentables précurseurs.

Cette révolution pouvait-elle être prévenue ? Par quelles voies s'opérera-t-elle ? Ce sont là des questions que je ne me propose point d'examiner, au moins aujourd'hui.

Tout ce que j'ai voulu indiquer ici, c'est que la perspective est sérieuse et redoutable, en Italie, non seulement pour la monarchie et pour le monarque, mais pour l'ordre politique et social tout entier, pour toutes les institutions et tous les intérêts dont cette monarchie est la clef de voûte.

Aussi est-ce grand pitié de voir nos gouvernants bourgeois s'endormir bêtement au milieu des périls qui menacent partout la vieille société européenne, s'imaginer qu'ils feront le silence sur les perturbations de l'Italie en ordonnant au télégraphe de s'en taire, et s'amuser aux niaiseries du parlementarisme alors que le monde entier est à la veille de demander compte à la République française du malaise ou des terreurs dont il est assailli. »

Il est curieux de voir M. J. Amigues, partisan de l'empire, et sans doute conservateur, nous révéler les conséquences du monopole terrien en Italie. Pas de petite propriété, pas de classe moyenne, nous dit-il, vingt lieues carrées sont aux mains d'un seul possesseur.

Vous êtes encore dans le vrai, et où je vous fais mon collaborateur, c'est quand vous avez pitié de voir nos gouvernements bourgeois s'endormir bêtement au milieu des périls qui menacent partout la vieille société européenne.

Mais ce qui me surpasse, et me porterait à douter de vos idées révolutionnaires, c'est qu'après nous avoir montré que dans ce pays, la monarchie étant la clef de voûte de toutes les institutions et de tous les intérêts, vous nous annoncez « que le monde entier est à la veille de demander compte à la République française du malaise et des terreurs dont il est assailli. »

Permettez que je vous rappelle que l'empire, comme le gouvernement que vous critiquez, étant placés en dehors de l'économie, n'ont fait que servir l'intérêt bourgeois ; et comme le roi d'Italie, ils sont impuissants à servir l'intérêt du peuple.

Vous qui embouchez si bien la trompette de la révolution, conseillez donc à la monarchie italienne d'opérer par l'impôt foncier la reprise de la plus-value des terres, et vous verrez le seigneur les vendre ou les abandonner ; et le malheureux Italien, au lieu d'émigrer, ou sans jouer du poignard et sans tirer un coup de fusil, cessant d'être brigand ou bandit, prendre possession de la terre qui lui a été si longtemps ravie.

# CHAPITRE XIV



Citoyens travailleurs, en définissant les capitaux, c'est votre produit que nous reconnaissons : et tout à l'heure, en vous associant de droit au capitaliste, dans tout travail collectif, nous vous rendons à vos œuvres et à vous-mêmes.

Qu'est-ce donc que le capital ? « Le capital est du travail accumulé ». Une terre défrichée, du foin, du blé, du cuir, des tissus, du fer, de l'or, étant le produit du travail : Voilà le capital.

*Transformation des capitaux par le travail.*

Si le cultivateur consomme son capital fourrage, il produit le capital bœuf ; le corroyeur à son tour produit le capital cuir. Le cordonnier, en employant le cuir, établit le capital chaussure. Ainsi se transforme par le travail, la matière première, laquelle à chaque phase de la production s'accumule avec une nouvelle valeur, et se capitalise définitivement sur la chaussure. Il est donc vrai de dire, avec

P.-J. Proudhon, que le travail produit et le capital vaut » (1).

La productivité du capital est donc une fiction qui domine encore l'opinion, elle est la source des abus et la principale cause des crises qui désolent la société. Nous verrons que la rente que le capital métallique reçoit comme prêteur, c'est-à-dire comme intermédiaire dans la transformation des produits et dans le change (escompte), grève de frais progressifs chaque produit de consommation, et ces frais sont supportés par l'ouvrier qui n'échange rien que sa brasse. — Nous croyons à

(1) Si **Karl Marx**, dans son livre *Le Capital*, avait fait cette distinction, il eût été amené à voir que les anomalies sociales sont bien moins le fait du capital, qui par lui même est *inerte*, que le manque de pondération des forces qui le mettent en mouvement, et le défaut de garanties que réclame la liberté économique du travail.

En distinguant encore, comme nous le faisons, dans la masse de la richesse, celle produite par l'individu de celle donnée par la nature, et créée par la collectivité, il n'aurait pas conclu à la communauté qui est la destruction de toute initiative personnelle et de toute liberté, finalement un retour au despotisme primitif. Mais il aurait reconnu comme nous le faisons, le droit de la société dans les plus-values naturelles que fait naître la collectivité.

De plus, en limitant (selon le droit naturel) l'appropriation du capital terre (chap. 20) et celui des instruments de travail d'après ce que l'individu ou la C<sup>ie</sup> peut mettre en mouvement, on peut ainsi rétablir avec justice l'équilibre rompu

la possibilité de nous passer de l'intermédiaire onéreux du capital métallique, et si cette considération se justifie comme nous l'espérons, elle suffira au législateur philosophe pour faire rentrer au domaine public toutes les institutions spéculatives du crédit individuel.

*L'intérêt du capital met l'ouvrier en déficit.*

« Les produits s'échangent contre les produits. » Mais il en est un, comme nous venons de le dire, qui leur sert d'intermédiaire. C'est l'or et l'ar-

par le droit d'accaparement, et détruire de ce fait le droit domanial de l'homme sur la terre, et les capitaux dont il tire profit sans les faire valoir, ce qui entretient la masse dans la servitude des rentes.

#### UTILITÉ PRIMITIVE DU PRIVILÈGE DE PROPRIÉTÉ.

Il nous faut remarquer qu'à l'origine le droit absolu de propriété, droit barbare et égoïste qui a décidé l'homme nomade et sauvage à fixer sa tente, l'attacha à la terre : il l'aima comme sa mère. Voilà comment ce terrible privilège qui fit jadis de l'homme un esclave, et encore aujourd'hui « un forçat », servit la marche de la civilisation, en donnant d'abord à un petit nombre la liberté, le bien-être et le droit, l'affranchissant ainsi de l'état de nature et de la communauté de misère.

L'humanité devait franchir lentement les stations de ce calvaire en l'arrosant de larmes et de sang, avant d'entrer par la justice commutative en possession du droit. Mais l'heure est proche où au banquet de la vraie civilisation nous entrerons tous en part de la richesse que nous avons produite.

gent, lequel, la société en a établi la valeur à titre de monnaie (1). Ces métaux, divisibles par fraction, de transport facile et de conservation indéfinie, reçus en tout échange et toujours demandés par le vendeur sont, comme on dit : « la marchandise princesse » qui gouverne toutes les autres, et heureux ceux qui la possèdent.

Mais le rôle *intermédiaire* de l'argent ne s'opère pas pour rien. Dans les diverses transformations que le travail fait subir à la matière première, il perçoit comme intermédiaire d'échange un intérêt.

(1) Monnaie, du latin *moneta*, fait de *monere*, avertir que la qualité et la quantité existent dans un produit. C'est l'avantage dont jouit la marchandise, or et argent. En généralisant l'idée, nous avons le billet de la Banque de France représentant les billets du commerce garantis par trois signatures. Le billet de banque est la monnaie fiduciaire par excellence. Des obligations de chemin de fer dont le remboursement est garanti par l'Etat et l'actionnaire, sont encore de la *moneta*. Un billet particulier dont la signature et l'endos sont reconnus valables forme la monnaie courante entre banquiers, etc. Nous devons à l'intervention de la collectivité de ne plus marchander l'or et l'argent, laquelle en a *constitué la valeur intrinsèque*. Or, en généralisant encore l'idée et la pratique pour d'autres produits, il arriverait qu'en obligeant l'industriel à déposer sa marque de fabrique (chap. 21) et à l'appliquer sur sa marchandise, tout comme l'Etat applique l'emblème de la société, ou son poinçon sur la marchandise, or et argent, sur les tabacs, etc., on pourrait constituer en monnaie, c'est-à-dire garantir la qualité déclarée et la quantité de tous produits sérieux.

*Nos utopies.*

Exemple : Le fermier emprunte du numéraire qu'il échange pour acquérir son mobilier de ferme ; il donne une garantie et paye un intérêt ; de même le boucher, le tanneur et le marchand de chaussures payent comme le fermier un intérêt pour le capital engagé dans leurs entreprises, et un agio sur l'escompte de leurs billets ou, s'ils sont riches, ils comptent tout cela à leur profit. Il y a donc dans chaque transformation de la peau de bœuf, quatre primes successives et plus que le capital a perçues, ce qui, en raison de l'aléa de la vente des autres produits, constitue en faveur de la marchandise métallique un privilège. Or, il arrivé qu'un produit, en se transformant cinq à six fois avant d'être livré au consommateur, est grevé d'au moins 3 0/0 d'intérêts payés au capitaliste en dehors des bénéfices du commerce qui sont de plus de 40 0/0 (chap. 21). Mais l'ouvrier, lui, qui n'échange rien, supporte dans ses achats les frais d'intérêts et d'escompte que le capitaliste a perçus. Il est donc continuellement en déficit, en payant à l'industrie et au commerce *deux* le produit ou le travail qu'il a livré pour *un*, et réduit pour joindre les deux bouts à doubler son activité ou à provoquer la hausse des salaires, ce qui amène la coalition des patrons et finalement les grèves.

## Définition de l'usure.

Les détenteurs du numéraire offrent leurs capitaux sous le nom de prêts ou de crédit, mais c'est là une illusion, et rien n'est plus faux, car dans la véritable acception du mot, on ne prête que gratuitement, sur parole, en confiance, on écrit sur simple billet, telle est la signification du mot crédit. Mais *placer* son argent chez l'industriel avec garantie hypothécaire et intérêt, n'est pas prêter ni troquer, c'est *user* de l'usure, puisque le risque de perte n'est que du côté de celui qui emploie l'argent.

Le véritable crédit, puisqu'on se sert de ce mot, doit être gratuit, mais avec garantie de remboursement. Il ne peut donc pas être généralement pratiqué par l'individu. Il est d'ordre social et doit désormais faire partie des services publics à prix de revient.

## Le privilège du numéraire est un brevet d'invention expiré.

Nous venons de voir que si le numéraire facilite les échanges et développe l'industrie, il est ruineux pour l'ouvrier qui n'échange rien que son travail. Nous avons vu que la puissance de l'argent était le fait de la garantie de sa valeur, *moneta*, et de ses avantages de conservation et de circulation. Mais nous dirons qu'une nouvelle convention monétaire pourrait permettre de lui faire concurrence comme intermédiaire et agent de circulation, et anéantir son privivilège *usuraire*. C'est-à-dire que la monnaie fiduciaire (billet de banque), peut remplacer l'argent dans les transactions commerciales. La monnaie fiduciaire rend possible *dans une juste mesure* la mobilisation ou la circulation de tous les capitaux, de toutes les valeurs y compris la terre, sous le secours du numéraire, ainsi que le conseillait, il y a 50 ans, un économiste célèbre, M. Cierkowski, compatriote de M. Walewski.

L'accumulation des capitaux métalliques dans les mains de quelques-uns est la conséquence des dîmes qu'ils perçoivent comme banquiers, prêteurs d'argent, négociants, industriels, sur les produits par le roulement des prêts et des affaires, et par l'abandon par tous les gouvernements des plus-values livrées en pâture à la spéculation financière et à la grande propriété. Et bien que toute richesse vienne du travail, on peut dire que l'ouvrier n'en profite pas.

Si une partie des progrès économiques ont eu

pour générateurs des privilèges dont quelques-uns ont disparu, il est temps de considérer ceux du numéraire comme expirés. Il y a urgence de ramener la marchandise or et argent au niveau des autres produits, et de former au nom de l'intérêt général une nouvelle convention monétaire, en établissant une banque de crédit gratuit, d'escompte et de circulation, afin de faire des avances à l'aide de la monnaie fiduciaire (voir, chap. 22, le Projet de loi sur le crédit gratuit, art. 3), sur les valeurs de toutes sortes, ainsi qu'au travail, sur garantie de marchés, adjudications, etc.

On pourrait opérer dès maintenant cette transformation, en faisant rentrer la Banque de France au domaine public, en supprimant son privilège plusieurs fois prorogé, c'est-à-dire volé, et ramener le taux de l'escompte à prix de revient, sans autres frais que ceux d'administration, soit à peu près 0,50 c. 0/0 l'an. En appliquant ces principes, on aurait établi la base du crédit sous toutes ses formes. Ce serait la fin de l'usure.

Cette nouvelle organisation du crédit et de la monnaie aurait pour effet de mettre fin à la coalition permanente de la finance, laquelle est avec les plaies, le plus grand fléau de l'humanité, et de désintéresser les capitalistes des dîmes qu'ils perçoivent sur le roulement des prêts et des affaires,

Alors, ils se porteraient dans les spéculations légitimes de la commandite et de l'anonymat, pour des entreprises industrielles ou d'intérêt public, mais en formant, ainsi que nous le verrons plus haut, avec les travailleurs, des compagnies d'exploitation collective pour la création de nouvelles richesses.

### *La rente pour tous les travailleurs.*

La rente que nous considérons tous comme une providence, que nous désirons légitimement pour secourir notre vieillesse, et nous récompenser de nos labeurs et des fatigues de notre jeunesse, n'est dans le système actuel payée que par les travailleurs les plus pauvres, c'est-à-dire par ceux obligés de recourir à l'emprunt pour acquérir leurs instruments de travail. Mais comme l'argent « ne fait pas de petits », c'est-à-dire qu'il n'est qu'un agent de circulation et non de production, il arrive que le produit du petit emprunteur est constamment entamé par la rente qu'il paie ; et qu'à la fin de sa carrière, il laisse pour tout héritage à ses enfants ses dettes à payer.

Le crédit, considéré comme service public et d'institution sociale permettra donc au travailleur emprunteur d'*économiser* la rente qu'il paie au numéraire, et de rembourser avec cette rente, le prix du champ et de la vigne qu'il cultive, et la part de l'usine qu'il exploite dans les compagnies ouvrières. Et dans sa vieillesse, il pourra abandonner son capital en viager à ses enfants ou le vendre pour constituer une dot à ses filles.

D'autre part, la Caisse de retraite de tous les travailleurs, alimentée des droits d'amortissement et des cotisations, lui viendra encore en aide, et la rente pour tous les vieux travailleurs qui n'est encore qu'un mirage, sera une réalité effective, et le plus beau fleuron de la couronne de l'ouvrier.

# CHAPITRE XV


### LE RÈGNE DE LA FINANCE.

Nous avons dit qu'une nouvelle convention monétaire était nécessaire pour mettre fin à la coalition financière. Une chose digne de remarque, c'est que la finance est cosmopolite et n'a pas de patrie, sa puissance plane au-dessus des nations et domine les gouvernements ; elle sait profiter de leurs ambitions et de leurs rivalités pour en faire un objet de spéculation. Les cordons de sa bourse sont le talisman avec lequel elle excite ou calme leur ardeur belliqueuse. Ainsi, on a vu en 1840, lors de la question d'Orient, la maison Rothschild dire publiquement : « On n'aura pas la guerre, parce que la maison ne le veut pas. »

Les gouvernements actuels ne thésaurisant pas, au contraire, ils ont recours aux établissements de crédit qu'ils favorisent en temps de paix pour obtenir, en temps de guerre, les premières avances de leurs entreprises offensives. Mais la finance a l'œil ouvert, et si elle juge le moment opportun, un signe de son petit doigt suffit pour déchaîner les fureurs de la guerre. Elle ouvre sa caisse aux belligérants, toujours sûre de tirer avec profit son épingle du jeu.

La campagne terminée, les schylocks voudront bien se charger, en faveur des vaincus, de négocier un emprunt, mais avec prime; et comme ils ont, par leurs actions, un égal intérêt dans les banques de Berlin, Londres et Paris, ils profitent du désastre des vaincus comme du triomphe des vainqueurs. On n'est pas dans l'exagération en disant que la finance internationale a réalisé en 1870-71, par les avances qu'elle a faites aux belligérants, plus de cent cinquante millions, et autant sur l'emprunt des cinq milliards auquel les banquiers prussiens ont souscrit.

Ce serait autre chose avec le *Self-government*, sous lequel se développeraient les ressources naturelles de la nation; on aurait bien vite raison des manieurs d'argent, tout comme de l'esprit guerrier, car la prospérité publique finirait par les détruire. Mais la finance veille à sa sécurité, comme elle a su tirer profit de la guerre, elle exploite également la paix; et si on ne pêche bien qu'en eau trouble, ses filets sont préparés : propagations de nouvelles alarmantes faisant à volonté baisser ou hausser les valeurs publiques. On dit que les banquiers de Berlin ont réalisé six millions par la panique causée par les

bruits de guerre du commencement de l'année
1887.

Mais ceci n'est rien encore. Toujours rensei-
gnée à temps sur le rendement des produits, les
arrivages et le stock, elle guette sa proie, et d'une
« main longe et sale » accapare la marchandise
sans en prendre livraison, et réalise un agio par
la hausse factice qu'elle a produite. Exemple : La
sécheresse menace-t-elle de ralentir un instant la
roue du moulin, vite elle s'empare du stock de
farines, et fait hausser le prix du pain quand le
blé est à bas prix, ce qui produit l'effet d'un coup
de filet sur l'estomac du pauvre.

L'esprit financier est international : il n'est ni
Français, ni Anglais, ni Allemand, il est simplement voleur.

### *La finance dans l'exploitation des services publics.*

Nous rapportons ici quelques pages de notre
dernière brochure, afin d'édifier le lecteur sur les
tripotages des compagnies financières chargées de
l'exploitation des services publics.

## *Une razzia.*

Napoléon I<sup>er</sup> disait, à propos de la Banque de France : « Une banque d'escompte bien organisée peut fonctionner sans un seul sou. » (c'est-à-dire que l'encaisse de la Banque de France n'est qu'une fiction). Il pensait sans doute instinctivement que l'escompte des valeurs commerciales à trois signatures était une garantie suffisante, et que les services pouvaient, étant considérés comme services publics, s'établir à prix de revient.

Si, à l'échéance du privilège de la Banque de France, en 1867, cet établissement fût rentré au domaine public, comme en 1840 bon nombre de députés censitaires le demandaient, et, en rendant ses services à prix de revient, l'escompte des valeurs commerciales aurait pu être ramené à 0 fr. 70 cent. 0/0 l'an. C'était un avantage immense pour le commerce, lequel, en diminuant ses frais d'escompte, aurait par la baisse du prix des marchandises fait profiter le public. Mais nous allons voir que les législateurs du suffrage universel n'y regardèrent pas de si près, et sur la proposition d'une loi que le gouvernement présenta, votèrent sans contestations, cette prorogation onéreuse à la nation, en supprimant la limitation à 6 0/0 du taux de l'intérêt commercial.

Quel était donc en 1857 le motif, le but de cette prorogation du privilège de la Banque. Etait-ce pour servir l'intérêt public ? Non. C'était afin d'opérer une razzia sur le public au profit du capital.

« Le privilège fut prorogé de trente ans, c'est-
« à-dire jusqu'au 31 décembre 1897. Le capital
« ancien représenté par 91,250 actions anciennes
« de 1,000 francs fut doublé. Les actions nou-
« velles furent émises à 1,100 francs ; elles se
« cotèrent aussitôt comme les autres à 3,350 fr.
« En sorte que les heureux souscripteurs pou-
« vaient réaliser du jour au lendemain les profits
« suivants :

91.250 millions à 3.350 fr. l'une.. . .   305.687.500 fr.
A déduire 1.100 fr. versés par action..   100.375.000
                                         ─────────────
    Bénéfice ou agio. . . . . . .   205.312.500 fr.

« 205 millions de plus-value par l'effet d'une « seule loi. »

Remarquons que lors de la prorogation, les actions nouvelles sont cotées à 3,350 fr., ce qui était déjà une aubaine. En juin 1885, elles se cotent 5,200 fr. ; en 1888, 3,915 fr. Les souscripteurs qui n'auraient pas réalisé, et qui vendraient aujourd'hui, réaliseraient encore un bénéfice supérieur, sans préjudice des intérêts qu'ils auraient reçus. Ainsi, 91,250 actions à 2,000 fr. rapportant en moyenne 20 0/0 de dividende, réalisent annuellement un bénéfice de 36,500,000 fr., ce qui produit pour trente ans, 1 milliard 95 millions.

Jadis le noble faisait détrousser par ses gens les voyageurs sur la grande route, et leur offrait l'hospitalité. Ainsi a fait en 1857 le législateur du suffrage universel contre l'intérêt public, mais sans compensation.

Comme nous l'avons dit, les chemins de fer ont été livrés en pâture à la finance. On leur a cédé les canaux pour détruire la concurrence. Les prorogations à quatre-vingt-dix-neuf ans ont permis aux *avisés* de la spéculation et aux concessionnaires originels de vendre à plus de cent pour cent de prime à l'épargne française les actions des premiers réseaux, reversant ainsi sur des entreprises en rapport et des actions libérées près de deux milliards de capital sans construire « un mètre de plus », escomptant ainsi le bénéfice d'un siècle d'exploitation.

Si ces deux milliards, immobilisés en pure perte pour la richesse nationale (ainsi que nous venons de le voir pour les actions de la Banque), eussent été joints avec autant que nous avons

perdu dans les emprunts étrangers, ils auraient
servi à *commanditer* des travaux nationaux.
Notre batellerie et nos réseaux secondaires seraient achevés sans avoir passé sous les fourches
caudines des compagnies pour les exécuter.

### *Le gouvernement impérial mystifié.*

En 1865, la compagnie du chemin de fer du
Nord désirant obtenir un avantage favorable à
*ses intérêts*, offre en compensation au gouvernement de transporter la houille et le coke (au-dessous du tarif général qui est de 10 cent.) au prix
de 5 à 8 cent. par tonne et par kilomètre. Cette
proposition fut approuvée par le comité supérieur des chemins de fer, agréée par le ministre.
Le conseil d'Etat, après avoir délibéré, y joignit
un beau rapport approbateur ; mais arrivé au
Corps législatif, on observa que depuis 1852,
afin de faire concurrence au canal, la compagnie
appliquait un tarif minimum de 3 cent. 1/3. La
surprise fut grande, et la proposition fut rejetée
avec le mépris dû à ses auteurs.

« On ne sait en vérité, dit M. G. Duchêne, de
« quoi le plus s'étonner, ou de l'effronterie des
« écumeurs qui se permettent de faire à un
« gouvernement de semblables mystifications, ou

« de l'imbécillité des hommes d'Etat qui les su-
« bissent sans rien y voir.

« Les 3,000 kilomètres de chemins de fer qui
« sillonnent la Belgique donnent une moyenne de
« plus de 25,000 francs par kilomètre, avec des
« tarifs de marchandise 25 0/0 inférieurs à ceux
« des compagnies françaises et des tarifs de voya-
« geurs *réduits* presque à *l'absurde.* En effet, si
« ces tarifs étaient appliqués au réseau du Nord,
« un voyageur de Roubaix, Tourcoing ou Lille
« pour Paris paierait en première classe moins de
« 7 fr., et moins de 3 fr. 50 en troisième classe.
« Le trajet, qui coûte en France 244 fr., n'est
« payé en Belgique que 43 fr.

« La direction des banques, sociétés de crédit,
« paquebots, chemins de fer, grandes usines,
« grande métallurgie, gaz, etc., est concentrée
« aux mains de cent quatre-vingt-trois person-
« nages disposant d'une façon absolue des agglo-
« mérations de capitaux qu'ils dirigent, repré-
« sentant plus de 20 milliards d'actions, d'obliga-
« tions au cours d'émission ; c'est-à-dire le plus
« clair de la fortune publique et surtout de tous
« les grands engins industriels par l'intermédiaire
« desquels le reste de la production dite libre est
« obligé de passer.

« Après l'accaparement, la pillerie. Les fraudes

« inventées par la féodalité financière sont telles
« que jamais l'imagination des romanciers et les
« prévisions du législateur ne sont allées jusque-
« là.

« En police correctionnelle, les magistrats se
« sont trouvés désarmés, parce que la loi n'avait
« pu prévoir des actes aussi révoltants que ceux
« dont les débats leur ont apporté la révélation.

« Huit cents faux révélés sur les livres d'un
« agent de change ;

« Mise en actions de terrains qui n'existent pas ;

« 10 millions de détournements dans une af-
« faire au capital de 40 millions ;

« Assemblée d'actionnaires composée en majo-
« rité de claqueurs étrangers à l'entreprise ;

« Mines de houille et de fer du coût de 500
« mille francs, apportées en société par les fonda-
« teurs au prix de 13 millions — je crois que
« c'est du chemin de Clermont-Ferrand à Mon-
« tauban que veut parler l'auteur que je cite ;

« Dédoublement d'actions mettant à la charge
« de l'amortissement 20 et 40 millions qui n'ont
« jamais été versés, etc. »

Nous terminons ici nos citations déjà trop
abrégées, en renvoyant à l'auteur afin d'édifier le lecteur sur la valeur des gouvernements
sous qui se passent de semblables méfaits. C'est

sous le dernier Empire que G. Duchêne a publié deux volumes sur les agissements de la spéculation financière et industrielle de ce temps : LA SPÉCULATION DEVANT LES TRIBUNAUX, Paris, 1867 ; et L'EMPIRE INDUSTRIEL, Paris, 1869. Si l'auteur existait encore, il trouverait de nos jours matière à de nouvelles publications. Nous allons terminer ce paragraphe en rapportant un acte de pillerie qui s'est passé l'an dernier à propos d'émissions d'obligations de chemins de fer.

### *Myopie du gouvernement républicain.*

Tout le monde connaît les scandales financiers de ces dernières années et les effondrements qui ont eu lieu. Je vais mettre encore sous les yeux du lecteur une citation que j'emprunte au journal LA JOURNÉE FINANCIÈRE, du 12 janvier 1884, à propos de l'émission de 26,000 obligations de la compagnie Bône-Guelma.

« Le deuxième reproche adressé à la compagnie,
« dit ce journal, est beaucoup plus grave, il ex
« plique pour ainsi dire la cause de l'infériorité
« du prix des obligations, parce qu'il s'agit d'un
« *gaspillage* des deniers de la société, pour ne
« pas employer un mot plus sévère, qui cepen
« dant serait parfaitement en situation.

« En effet, il est inouï de penser que la société
« cède ses obligations à 250 fr. à des banquiers,
« tandis que le prix d'émission garanti par l'Etat
« est de 310 fr. 10 c. Les banquiers ont donc
« réalisé 63 fr. 10 de bénéfice par titre, soit,
« pour 26,000 obligations, un bénéfiice de 1 mil-
« lion 640,600 fr., alors que les banquiers n'ont
« pas le moindre risque, et pas même les frais de
« publicité pour cette émission. »

Quoi, l'Etat garantit des obligations à 330 fr. 10,
tandis que la compagnie les livre en pâture à l'avidité des écumeurs à 250 fr., et cela à la barbe et
au nez du gouvernement républicain. Mais ajoutons pour l'honneur de ces derniers, que la centralisation les a rendus myopes. N'accusons pas
les personnes, mais démolissons les principes qui
peuvent créer de semblables abus.

Il faudra donc, pour combler le déficit, continuer comme on a déjà fait : maintenir les hauts
tarifs et parfaire les dividendes. C'est toujours le
peuple qui paiera. Voilà l'avantage qu'il obtient
des gouvernements centralisés. Sous Louis XIV,
on n'allait pas si vite dans les dilapidations, et la
monarchie en est morte en 1789.

Il est regrettable que le public, qui se passionne
si facilement pour les partis politiques qui lui
sont chers, répugne à regarder le dessous des

cartes et à s'occuper de ses intérêts, les laissant ainsi gaspiller par l'ineptie des politiciens et l'avidité des traitants... quitte, quand il en est à la lie, à s'émeuter pour s'en débarrasser, mais inutilement ; car en ferait-il des auto-da-fé que, comme le phénix, ils renaîtraient de leurs cendres !

## *Rétrogradation économique.*

De combien avons-nous rétrogradé sur le régime antérieur à 89, dit G. Duchêne, car il n'y a plus de forfanteries égalitaires à étaler. Les lois de caste et de privilège ne laissent aucune place à l'illusion. Nous sommes en plein servage.

Autrefois, la *dîme ou dixme* prélevait, comme son nom l'indique, jusqu'au dixième des produits du travail, c'était le maximum de la prélibation privilégiée ; encore la faculté de s'acquitter en nature apportait-elle une atténuation à la rigueur de la taxe. Aujourd'hui, le capital de la banque ne travaille pas à moins de 12 à 20 0/0 ; les compagnies de chemins de fer riches supputent également par 12 et 20 0/0, c'est-à-dire par le cinquième, le double de la dîme. Le Crédit foncier table sur 25 0/0, le quart. Le gaz sur 27 à 28 0/0, deux fois et demie la dîme. Notre auteur oublie la compagnie d'assurances à plus de quatre fois la dîme, et certains charbonnages à dix fois et vingt fois la dîme. Etonnons-nous donc que malgré notre richesse productive tout soit cher et la vie de l'ouvrier difficile.

# CHAPITRE XVI.



Qu'est-ce que l'Etat? L'Etat est la représentation de la force collective et de l'intérêt général. Il est l'autorité qui doit veiller à la garantie de tous et du droit naturel de chaque citoyen.

Comment doit se manifester l'action de l'autorité? Elle est d'abord exécutive des lois qui représentent les intérêts établis, et initiatrice de celles qui ont pour but d'en établir de nouveaux.

Les lois ne sont donc pas immuables? Non, elles sont modifiables par l'esprit de justice qui les pénètre, et tend à les transformer incessamment.

Où est la limite de l'autorité? Elle est limitée par la liberté des citoyens, lesquels par leur vote, sont appelés à ratifier ses délibérations.

Comment se manifeste l'action de l'autorité dans la préparation des lois? Elle est dans l'initiative du conseil national de législation, et dans le gouvernement chargé de les appliquer.

Sur quoi doit se fonder le conseil de législation pour la préparation des lois? Sur les sentiments des besoins de réformes économiques dont l'opinion a l'idée.

Mais si l'opinion de la nation, du département ou d'un groupe quelconque, n'est pas éclairée sur les réformes dont on sent vaguement le besoin, que peut alors le pouvoir pour l'amélioration du sort des travailleurs ? Rien, puisque c'est l'opinion seule qui peut efficacement inspirer le législateur, et que l'autorité est gardienne des intérêts établis par les lois précédentes, — intérêts que les conservateurs confondent toujours avec l'intérêt général.

Mais qui préparera l'opinion à l'application des réformes économiques ? La liberté du libre examen, représentée par les penseurs, les philosophes et les savants.

Or, il est donc nécessaire que l'opinion publique soit préparée, pour opérer les réformes que la justice réclame ? Sans doute, c'est alors au législateur à s'en inspirer, à en donner la formule et les moyens politiques pour les appliquer, et finalement à en présenter la ratification au vote populaire, ainsi qu'il se pratique en Suisse.

L'autorité ou le gouvernement doit-il intervenir dans la lutte des intérêts ou des classes ? Oui et non. Oui, à titre de simple policier ; non, puisque les partis sont encore incapables de définir logiquement leurs programmes de réformes, et que l'intervention de l'autorité ne peut être qu'en faveur du *statu quo*.

L'autorité est donc impuissante ? Oui, puisqu'elle n'est chargée que de l'application des lois.

Vous êtes en contradiction avec l'opinion qui attend tout de l'initiative de l'autorité, et qui demande un pouvoir fort ? Oui, c'est pourquoi nous aspirons au pouvoir personnel, et que la dictature a de nombreux partisans ; et, qu'au point de vue des réformes à réaliser, nous ressemblons aux « locomotives de feu le baron Dupin, nous tournons sur place sans démarrer jamais. »

Nous voilà loin du *referendum* populaire ? Sans doute, car notre ignorance de l'harmonie des lois économiques nous livrera toujours à l'ambition des politiciens et au joug de l'autorité.

En quoi consiste l'intérêt général ? Il consiste dans la pratique législative à pondérer les forces économiques, à en atténuer le côté contradictoire, et à équilibrer les fortunes.

Alors l'intérêt général et l'intérêt individuel paraissent être une seule et même chose ? Oui, quoique différents, ils s'engendrent l'un de l'autre et sont solidaires.

## *Droit de l'Etat dans les successions.*

Quels sont les moyens d'établir l'équilibre des fortunes et des conditions ? Ils s'établissent : 1° par l'harmonie des forces économiques, en déterminant la valeur des salaires ; 2° par l'association du capital et du travail ; 3° par l'établissement du crédit public gratuit ; 4° par la reprise d'une partie des plus-values naturelles gratuitement données par la nature, et abandonnées contre le droit naturel en faveur des propriétaires ; 5° par l'organisation des services publics à prix de revient ; 6° par le droit d'amortissement sur les successions et donations entre vifs.

Qu'est-ce que le droit d'amortissement ? C'est un droit de rachat que prélève l'Etat sur les successions à titre de suzerain sur la transmission des biens dont finalement la société est le principe générateur (1). Pourquoi un droit d'amortissement dans la succession de mon père, surtout si

(1) La terre est au Seigneur (à Dieu), dit le psalmiste, et tout ce qu'elle contient ; voilà, en termes poétiques et mystiques, l'affirmation de droit de suzeraineté sociale reconnue dans l'antiquité sur les richesses individuelles. Si, à l'origine, ce droit a servi à constituer la propriété féodale et à consolider le droit de la force, il faut reconnaître que la propriété dépendait toujours du prince, lequel, au nom du droit divin, re-

elle est en partie grevée d'hypothèques dont le fisc ne tient aucun compte ? Le droit de la société dans les héritages a sa raison d'être par l'influence qu'elle exerce dans la formation de la richesse, et comme l'a dit J.-J. Rousseau : « nul père ne peut transmettre à son fils le droit d'être inutile à ses semblables ». Sans doute, ce droit est mal appliqué ; on n'y voit encore qu'un moyen de contribution au profit, non pas de la collectivité, mais du gouvernement, et non encore un moyen d'équilibrer les fortunes. — Alors, pour égaliser les fortunes, l'Etat va donc partager l'héritage du riche comme celui du pauvre travailleur ? L'Etat ne doit pas égaliser les fortunes dans l'acception du mot. Il ne peut que les pondérer, et n'a droit ni d'hériter, ni de partager, ce qui nous conduirait au communisme et au colonat. Mais la Société a un droit de réversion partiel des biens disponibles, au profit de la collectivité qui a contribué à les produire. La raison du droit d'amortissement a une signification morale, c'est de nous rappeler

présentait l'intérêt de la collectivité par le droit de confiscation dans le cas de crime contre le prince ou contre la nation. Aujourd'hui, le droit de la société n'en existe pas moins. Il doit s'exercer contre l'accaparement illimité des instruments de production, servir à établir la division de la propriété, et à équilibrer les fortunes : tel est le droit naturel et le principe de l'ordre dans la société.

que toute richesse légitime doit être le produit du travail, et dans ce que nous recevons sans produire, soit à titre de donation ou d'héritier, la société a droit d'exercer son droit de suzeraineté afin de maintenir l'équilibre des fortunes et de conserver à chacun l'égalité des moyens que la liberté tend à rompre. Le droit pour les enfants de succéder au père de famille est légitime, et d'ordre social : 1° parce qu'il inspire à ce dernier l'esprit d'activité et d'économie que ne possède pas au même degré le célibataire ; 2° l'héritage paternel en transmettant ou en facilitant aux enfants la possession des instruments de production, les prépare par la liberté du travail à l'idée du droit, et au gouvernement de la famille, ce qui forme dans la nation des citoyens capables d'exercer la souveraineté populaire sans la déléguer (V. chap. 28). De même par des institutions d'intérêt commun, l'Etat doit offrir à ceux qui n'ont pas d'héritages et qui sont dignes de confiance, des avantages compensateurs et leur donner le moyen d'exercer leur capacité. Tel serait le crédit au travail dont le crédit mutuel offre l'exemple, etc.

Les droits sur les petits héritages doivent être faibles, comme une taxe de compensation au moindre degré au profit de la collectivité. Mais les grands héritages qui favorisent l'accaparement des forces de la production ou qui servent à créer l'opulence oisive, et engendrent le paupérisme, doivent être frappés d'un droit progressif, car l'opulence autant que la misère, nous *démoralise* et nous déprave, fait naître dans la société l'idéal d'un luxe insolent et exagéré, et l'idée du *far niente,* lequel porte à consommer sans produire, à acquérir la richesse sans travail, ce qui est dans nos sociétés civilisées un dérèglement d'esprit, un cas d'atavisme, où par la paresse l'homme retourne à l'état primitif et la société à la barbarie (1). — Alors, quel emploi l'Etat fera-t-il des reprises qu'il a droit d'opérer sur les grands héritages ? Ces reprises sont destinées à retourner à la collectivité, afin de créer des services d'intérêt commun, etc. — Alors, la loi sur les successions est à refaire ? — Oui, sans doute.

L'abolition des héritages qu'on propose ne serait pas une solution conforme à la liberté dont nous avons le sentiment inné. Puisqu'en supprimant le droit d'appropriation individuelle on le remplace-

(1) Serait-ce en s'inspirant de nos idées sur l'opulence oisive et de la démoralisation qu'elle cause dans les idées que M. Léon Say a dit : « *Je voudrais bien savoir s'il y a dans le monde occidental une seule nation qui soit à l'abri du retour à la sauvagerie, et dans laquelle la barbarie ne soit pas à fleur de peau.* (Le Journal illustré).

rait par celui bien plus redoutable de l'Etat ou de la commune, ce serait avec l'anéantissement de la liberté du travail, le règne de la médiocratie administrative avec toutes les corruptions qu'elle comporte. Une telle contradiction nous montre, ainsi que l'a déclaré le congrès ouvrier du Centre, « que l'heure de la révolution prolétarienne est encore inconnue. » Nous verrons dans cet ouvrage, que la vérité est entre l'abus de la propriété, le droit illimité d'appropriation et le despotisme de l'Etat. Notre but est de résoudre cette équation.

# CHAPITRE XVII


## DÉPRAVATION ET CRIMINALITÉ.

Dans nos sociétés civilisées, le retour à la sauvagerie ou à la barbarie, que signale M. Léon Say, se manifeste par le degré de criminalité, lequel se développe fatalement quand les institutions politiques, économiques et morales, ayant servi au développement de la civilisation, sont devenues caduques, insuffisantes et douteuses, *et surtout* quand la société est envahie par le faux idéal de la richesse. — C'est bien contre cet idéal que la loi a prohibé les maisons de jeu et qu'elle devrait bannir définitivement toute espèce de valeurs à lots, ainsi que les loteries que l'administration ne devrait jamais autoriser, même pour les actes de bienfaisance.

Des criminalistes prétendent qu'il y a dans la société « à côté des criminels d'occasion ou d'habitude, des malfaiteurs de naissance, plus semblables aux anciens âges dont ils ont les mœurs et la physionomie qu'aux générations contemporaines » et ont conclu « qu'il y a le criminel en soi, un type à part. »

Cette doctrine de la prédestination criminelle est une monstruosité, c'est la négation de la perfectibilité de l'espèce qui s'opère dans la succession des générations ; elle est le point de départ du matérialisme et du despotisme. Sans doute on ne blanchit pas, comme on dit, la tête d'un nègre, et quand le vice est imprimé de longue main dans le cerveau, il est presque impossible de l'en déraciner, et les mauvaises habitudes deviennent comme une seconde nature. Il y a aussi dans la nature des créations anormales, des monstruosités physiques et psychologiques, mais c'est la grande exception. Au contraire des autres animaux, l'homme est moralement perfectible par l'instruction, le contact social et le milieu où il vit, comme il est sujet à rétrograder jusqu'à la bestialité.

### *La photographie composite.*

A l'aide de la photographie composite, on a réussi en portraicturant plusieurs crânes d'assassins et de vauriens réunis et *amalgamés*, à trouver le type naturel de la criminalité. « De même, en faisant défiler devant un appareil photographique un certain nombre de portraits d'hommes, de femmes et d'enfants de la Montagne-Noire (Aude), M. Arthur Batut avait réussi à obtenir le type vrai

de la race « le montagnard » idéal et abstrait.
(Voir le *Petit Journal* du 18 mai 1888).

Nous conseillons au criminaliste *Il signor Lombroso*, à qui des expériences de ce genre ont réussi pour sa spécialité, de continuer et de pratiquer, non pas sur des crânes, mais sur des figures vivantes amalgamées d'usuriers, d'agioteurs, de tripoteurs financiers, d'accapareurs, de menteurs, de viveurs et d'ivrognes, mélangés encore de lovelaces et de *don Juan* séducteurs, dont la société fourmille ; et nous parions gros qu'avec cette macédoine de vauriens, il reconstituera le type de l'homme primitif, sauvage, anthropophage, lascif, paresseux et voleur ; et nous lui garantissons que ses différents types qui ne sont encore que des criminels d'occasion ou d'habitude, produiront par atavisme en une ou deux générations des criminels par nature.

Si nous étions un peu plus philosophe, nous aurions reconnu qu'étant tous formés du même limon et sortis de la sauvagerie, l'homme primitif était tout à la fois menteur et voleur, paresseux et gourmand, féroce et anthropophage, lascif, obscène et polygame, portant sur son visage le signe de la bestialité, dont le type, quoique effacé aujourd'hui, se rencontre encore « par le développement excessif des sinus frontaux, l'énormité des mâchoires et des pommettes, l'écartement et la largeur des orbites oculaires, la symétrie du visage, la saillie des zigomes, etc. » On distingue encore certaines proéminences du crâne sous le nom de bosses du crime. Cependant, il nous faut reconnaître que rien, dans la constitution de l'homme, ne s'est fait en vain, et que ces bosses sont le siège de facultés inférieures dont les fonctions sont nécessaires à l'entretien et à la conservation de la vie animale ; on oublie que dans la nature, comme dans la vie animale, tout tend à s'équilibrer et à se pondérer, et que l'homme se distingue des animaux par des facultés cérébrales supérieures, lesquelles sont : le courage, le dévouement, la tolérance, le sentiment de dignité personnelle, la bonté et la justice, qui ne se développent que par l'éducation et le bien-être acquis par le travail ; et ces nobles facultés servent, en se développant, à équilibrer et à transformer les instincts inférieurs (V. chap. 31, § 5). Alors, la civilisation, en adoucissant progressivement les mœurs, a transformé le type primitif. Le masque du sauvage tombe et fait place à la suave figure du civilisé.

## Contradiction des criminalistes.

Mais, ô contradiction ! on observe que le rapport du physique au moral est trompeur et « qu'un grand nombre d'assassins et de meurtriers, de ceux qui sont endurcis, insensibles, cyniques, ont des visages d'une parfaite douceur, des yeux bleus, des traits fins, des lignes efféminées. En effet, aucune sensation ne peut troubler ces natures implacables. »

Savez-vous, criminalistes, phrénologues, médicastres, ce qui manque à ces natures implacables ? C'est le sentiment de dignité, de bonté et de justice, que la pratique sociale a empêché de naître en eux, et que la misère, l'opulence et l'ambition malsaine ouvrent la carrière à tous les vices, et nous conduisent à tous les crimes. L'éducation morale est insuffisante et impuissante aujourd'hui, parce que l'antagonisme des intérêts contribue autant que nos vices à nous démoraliser.

Une chose distingue les criminels d'occasion, c'est qu'ils ont le courage d'être féroces, tandis que d'autres ne l'ont pas. Chez un peuple où le sensualisme domine les idées, personne ne peut plus répondre de soi. On voit grandir la passion des richesses avec l'idée de les obtenir sans travail, ce qui développe la passion des jeux de bourse, de la spéculation agioteuse, et pour ceux qui ne peuvent spéculer, c'est l'espoir d'obtenir dans les loteries, avec l'aide du hasard (qui remplace l'adresse), la fortune que les autres savent escamoter. Alors, où est la conscience ? On ne distingue et on ne reconnaît plus aucun principe : Le crime et la vertu sont affaire d'utilité et d'occasion ; et, comme l'a dit M. Léon Say, la barbarie est à fleur de peau.

L'avènement du droit commutatif dans l'économie sociale aura pour conséquence de proportionner la richesse individuelle à la production de chacun ; il sera le point de départ de notre moralisation, et arrêtera la dépravation et les crimes que l'inégalté économique engendre (1). On ne

(1) Il est reconnu qu'à l'origine des sociétés, avant l'appropriation des valeurs naturelles, la création de l'industrie et de l'échange, les hommes vivaient dans une complète indépendance (sans doute aussi dans une égalité de misère), sans lois autres que celles d'une réciproque liberté, et d'un droit égal dans les produits naturels de la nature ou de la terre. « Mais, dit Tacite, quand l'égalité commença à disparaître, qu'à la place du respect des institutions et des mœurs primitives, l'ambition, l'accaparement, firent par la violence place aux usages commutatifs, alors commencèrent les oppressions et les crimes de toutes sortes : et à leur suite, la tyrannie des lois » (droit de la force) et la faculté de légiférer, fut un moyen de discorde et de trouble, par la raison que les lois n'ont d'abord commencé qu'à légaliser les privilèges et qu'elles ne s'inspirèrent pas de la réciprocité.

peut nier que les classes ouvrières sont en travail d'enfantement par le sentiment de justice commutative qui se développe dans leur sein, ce qui est le signe précurseur d'un ordre social nouveau dont les hautes classes n'ont pas l'idée.

# CHAPITRE XVIII.



La bourgeoisie, en reconnaissant la démocratie, et en portant la cocarde, n'en est pas moins restée conservatrice de l'esprit aristocratique, de la routine de l'économie monarchique, et étrangère aux réformes sociales. Bien ordonnée dans ses affaires privées, elle sait encore faire servir la politique à ses intérêts, mais elle administre la chose publique comme dans une maison où les dépenses improductives vont plus vite que les recettes, et où le déficit se couvre par des emprunts successifs, sans songer que le passif, en absorbant l'actif, nous fera faire un trou dans la lune.

Mettre de l'ordre dans le ménage national, en préludant à la transformation monétaire qui se prépare, par la conversion provisoire du taux légal de l'argent unifié à 2 0/0, serait, disent-ils, ruiner le crédit public et celui de l'Etat.

A qui distingue dans la masse de la richesse nationale les plus-values naturelles données gratuitement par la nature et payées par la collectivité à la propriété, ils opposent par la bouche de leurs avocats, le droit absolu de propriété, la productivité du capital, le hasard de la fortune et tout le répertoire du catéchisme du bonhomme Richard.

Parlez du *self-government* ou du *referendum* populaire, qui est le seul moyen de pondérer l'autorité par la liberté, et d'imprégner les lois du droit commutatif; ils se signent, en s'écriant : vous désorganisez l'administration que l'Europe nous envie.

La liberté du travail en développant le génie industriel a créé d'immenses richesses, et donné à la nation le sentiment du bien-être et le goût du beau. Mais cette liberté encore inorganique a développé une *force* de collectivité capitaliste, laquelle à l'aide du crédit usuraire de la division du travail, des machines, a anéanti la liberté de l'ouvrier, le refoulant dans le salariat en le réduisant à l'état de misère.

Demandez à nos dirigeants de rétablir l'équilibre de la surproduction, rompu par le capitalisme industriel et trafiquant en adoptant des réformes, lesquelles en nous donnant l'aisance, nous permettraient de consommer nos produits, au lieu de chercher à les placer *outre mesure* à l'exportation à l'aide du droit de conquête au seul profit de l'exploitation capitaliste (1). Ils répliquent aussitôt : on ne peut sans danger toucher à la liberté du commerce, etc., etc. Laissons donc les conservateurs qui éludent les questions, et voyons ceux qui parlent de réformes sociales.

Les esprits militants, les ambitieux, les intrigants, les meneurs de tous les partis, excellent dans la critique des abus, et sont muets sur les principes qui doivent servir à les remplacer. Mais toujours imbus de l'esprit autoritaire et jacobin, ils sont prêts, en saisissant le pouvoir, à traiter la question sociale comme on la traite avec les sauvages, ou à coups de sabre, ou avec l'Evangile, ce qui est toujours l'autorité avec la charité.

Déjà, les plus pressés sont en ligne, d'une enjambée ou d'un saut, ils laissent en arrière les abstractions de la science sociale : ils prétendent en finir d'un seul coup avec les abus de la propriété et du capital par l'expropriation de tous les

---

(1) En Angleterre, sur six ouvriers cinq travaillent pour l'exportation. Il n'y aurait rien à dire si cet excédent de production profitait à la classe ouvrière. Mais les bénéfices de l'industrie restent aux mains des patrons, tout comme les plus-values foncières aux mains des landlords. L'Angleterre avec sa grande industrie et sa grande propriété est le pays du monde où le paupérisme et la hideuse misère sévissent avec le plus d'intensité.

capitaux y compris le sol ; et par l'exploitation industrielle de l'Etat, supprimer la liberté du travail en fondant l'ordre social sur le despotisme gouvernemental.

En dehors des partis que nous signalons, il y a le parti ouvrier dont les éléments constitutifs n'ont pas encore accompli leur unité politique. Cependant la majorité de ses éléments paraît incliner vers la tradition de 89, dont la devise est : l'instrument du travail au travailleur. C'est aussi la nôtre, mais nous avons la certitude que la dépossession du patronnat par la violence est injuste et impossible ; le fût-elle du jour au lendemain, que la question sociale ne serait pas du tout résolue. Il nous faut donc d'autres principes.

En préparant l'unité des travailleurs pour la lutte des classes, on ne fait que de la politique, et on commence par où on devrait finir. Il faut donc préparer l'opinion par la polémique, divulguer les principes et en donner la formule, afin de montrer autrement que par des sentiments, sur quoi sera fondée la nouvelle organisation des intérêts. Sans quoi la Révolution que l'on prépare serait stérile, et amènerait le triomphe *définitif* de la réaction et du despotisme.

Le parti socialiste ouvrier a donc à mettre de l'ordre dans ses idées, et à se méfier pour ainsi parler de l'*égotisme* communiste qui est en commun à tous les néopyhtes, porte à la violence et détruit la raison. Le sentiment spontané de la communauté est indéfinissable et inapplicable ; il finirait en nous y arrêtant par nous transformer en sectaires fanatiques, ce qui, dans l'espèce, nous ferait ressembler aux illuminés de l'armée du Salut dont M^lle^ Louise Michel pourrait bien devenir la Maréchale (1).

1° Les travailleurs socialistes ne doivent pas ignorer que la possession des instruments de production (ou des capitaux), en quelques mains qu'ils soient, la société, d'après le droit commutatif, doit les socialiser avec le travail, et établir dans l'échange, le principe de la réciprocité ; 2° ils ont à opposer à la maxime saint-simonienne : « A chacun son capital, son talent, etc., » le principe de solidarité qu'a fait naître l'équivalence de nos diverses aptitudes, et à reconnaître l'influence de la société dans la création de la richesse et dans le développement du génie individuel ; 3° d'établir

(1) Nous espérons bien que les critiques personnelles que nous paraissons faire dans ce travail ne seront considérées par le lecteur que comme s'appliquant aux principes. Que pourrions-nous dire personnellement de M^lle^ Louise Michel, sinon que nous admirons son énergie et sa générosité à défendre la cause du peuple, et qu'elle a déjà payé par des souffrances, son dévouement et son désintéressement.

l'égalité sociale par des institutions économiques, et de la distinguer de l'inégalité naturelle des personnes ; 4° de reconnaître le principe des plus-values naturelles qui doivent avec justice faire retour à la collectivité ; 5° de nous passer des prêteurs d'argent par l'établissement du crédit gratuit ; 6° de reconnaître le droit de reversion partiel de l'Etat sur les biens disponibles, afin d'établir l'équilibre des fortunes par la progression de l'impôt sur les grands héritages, non au profit du gouvernement, mais de la collectivité ; 7° de constituer dans chaque région, à l'aide de syndicats corporatifs, la valeur ou le prix de la main-d'œuvre, afin d'en finir avec les coalitions et les grèves ; 8° d'appliquer dans les industries extractives et l'agriculture les taxes de compensation, afin d'établir l'égalité dans les industries similaires, là où, à travail égal, le rendement est inférieur ; 9° de réformer l'ordre politique et législatif, en lui donnant pour base le referendum populaire ; 10° de préluder à toutes ces réformes par la liquidation sociale, en substituant au loyer de la terre et de l'usine, le seul et unique contrat de vente, etc. Or, il est donc nécessaire de préparer les matériaux et le plan qui doivent servir à construire une nouvelle demeure avant de démolir celle qui est insuffisante pour nous abriter contre la misère.

Une longue et douloureuse trituration du travailleur, opérée fatalement par le développement industriel, a transformé l'humanité, laquelle a atteint l'âge viril par le sentiment des forces qui composent la société. Le moment est venu de résoudre le problème de nos contradictions autrement que par des aspirations, des sentiments, et des programmes indéfinis.

Les capitaux ne se forment légitimement que par l'épargne. En extirpant l'agiotage du commerce, de l'industrie et l'usure de la finance, les progrès incessants des sciences industrielles et du machinisme amèneraient naturellement la baisse et le bon marché de tous les produits. La production devançant toujours d'un instant la consommation (par cette instantanéité), le travailleur toujours de plus en plus à son aise, pourrait se moraliser, épargner, capitaliser, et devenir à son tour, à la place des rentiers, le réservoir des capitaux, lesquels il engagerait dans la commandite, ou l'anonymat pour la création d'entreprises d'utilité publique ou productives de nouvelles richesses ; où l'administration publique après avoir établi dans le cahier des charges un rapport commutatif de la Compagnie avec l'intérêt public, exercerait son droit de contrôle, ce qui serait une garantie de justice et de moralité, et mettrait définitivement un terme aux entreprises véreuses des écumeurs et lanceurs d'affaires.

La période nécessaire de critiques et d'agitations que nous traversons, doit avoir un terme. Elle appelle impérieusement la formule des principes qui doivent servir à opérer les réformes : faute de quoi, la réaction saura bientôt nous imposer silence.

# SECONDE PARTIE

**Synthèse.**
**Application des principes de réforme économique**
**d'après le droit commutatif, naturel et collectif.**
**Fédération des intérêts.**

———··∞··———

### A LA BOURGEOISIE !

Citoyens, une idée aussi vieille que le monde, un principe éminemment sociable, inscrit dans tous les codes de morale, et contre lequel personne ne peut s'inscrire en faux, c'est la mutualité ou la réciprocité (fais comme tu veux qu'il te soit fait). Toujours repoussée par les gens nantis et satisfaits, mais jamais vaincue, elle rallie ses partisans sous la triple devise de *Liberté, Egalité, Fraternité.* C'est ainsi que ce symbolisme a fait votre force contre la féodalité, et que vous avez eu raison « de l'autel et du trône, » mais en vous substituant à l'ancienne noblesse, en déracinant jusqu'au dernier vestige les droits seigneuriaux, vous avez laissé la masse des travailleurs sans organisation, livrée entièrement à votre génie spéculatif. Avant 89, l'ouvrier englobé dans les corporations organisées par des confréries, supportait sans trop de protestations le droit de maîtrise qui lui était d'un difficile accès ; vous avez démoli tout cela.

La liberté inorganique dont vous avez seuls tiré profit, a donné un brillant essor à l'industrie, mais les lois économiques par leur développement contradictoire, ont refoulé la masse des travailleurs dans le salariat, laquelle aujourd'hui, sans organisation, aiguillonnée par la misère légale, n'a plus de liberté que celle de s'exténuer en travaillant ou de mourir en protestant.

Le parti démocratique en se substituant à l'oligarchie politique de 1830, n'a rien compris à la science sociale. Il a depuis 1848, montré mille fois son incapacité et son impuissance finale. L'ère des agitations stériles commence, et ouvre la carrière aux intrigues et aux ambitions malsaines. A tous les points de vue de l'horizon des deux mondes, les travailleurs cherchent à se reconnaître, et proclament leur affranchissement du capital. Mais sans autre principe que leur spontanéité, ne reconnaissant encore de la liberté que la force, ils menacent de tourner cette liberté contre vous, en opposant à votre chère maxime du laissez faire, laissez passer, la liberté absolue du droit de l'Etat, afin d'opérer la confiscation des capitaux et de vos biens au profit de la collectivité. Nous tournons par votre optimisme conservateur dans un cercle vicieux où toutes les libertés affolées pourraient bientôt disparaître devant le despotisme.

Tout a été mis en pratique dans l'antiquité : la communauté à Sparte, le droit quiritaire à Rome (droit absolu de propriété), et les Romains, après avoir détruit la foi punique, ont été remplacés par les barbares. L'Eglise aussi a tenté d'organiser la société par la communauté, sans pouvoir y arriver. Les constitutions féodales reposant sur le devoir et le droit, ont abouti à 89. L'Etat serviteur est le nom nouveau du despotisme. Où donc prendre notre point de repère? Eh bien, notre point de repère est dans l'application du droit commutatif, dont la *Liberté, l'Egalité et la Fraternité* est le symbole. Pensez-y, bourgeois ; rappelons-nous, prolétaires, que la vraie liberté et l'égalité n'est autre que la réciprocité, ou le droit commutatif, et qu'il s'agit aujourd'hui d'en divulguer les principes, de l'inscrire dans nos lois afin d'en faire l'application. L'ordre dans l'humanité est à ce prix.

# CHAPITRE XIX



Après avoir reconnu dans notre première partie
que le droit du premier occupant était l'origine du
droit d'appropriation, et qu'il avait eu pour raison
d'être la lutte du travail « contre la parcimonie
de la nature », nous avons dit ensuite que devenu
exclusif et envahissant, il ne s'était conservé que
par la force, et que ce droit barbare se manifeste
encore dans les contradictions des lois ou des
forces économiques, dont notre code est le gar-
dien. Mais nous avons montré aussitôt que pour
en atténuer la maligne influence, la pratique de la
société ou du sens intime, tend incessamment à
transformer notre égoïsme à l'aide de la liberté
même, laquelle étant de nature transactionnelle
nous amène à composition avec autrui.

Or, l'idée de transaction implique et fait naître
le sentiment de réciprocité dans tous les rapports
sociaux, soit entre le capital et le travail, la propriété et l'Etat, et dans l'échange entre tous les
producteurs consommateurs. De là s'établit un

principe d'équilibre entre les forces individuelles et la société, un lien moral et civilisateur, lequel pénètre le sens intime, la conscience, forme la droite raison et le *sens commun*, cette faculté qu'on suppose à la généralité des hommes pour juger sainement (1).

Le sens commun a surtout le sentiment du droit naturel, il a en aversion l'accumulation des biens au profit de quelques-uns contre la masse qu'elle subalternise, et qui tombe de plus en plus dans la misère, se déprave et prend en haine la société.

L'idée du droit commutatif doit nécessairement être vulgarisée afin de former l'esprit de la nation à la justice économique, et de préparer l'avènement pacifique de la Révolution sociale, et de porter la Bourgeoisie à faire sa nuit du 4 août. Alors l'application du droit commutatif, véritable expression du droit naturel, sera le terme de la

(1) Dans tous leurs ouvrages, les économistes de la vieille école ont fait abstraction de l'homme, c'est-à-dire du sens commun, de la conscience et de la justice. Ils nous enseignent « que les phénomènes économiques obéissent à des lois naturelles, invariables, et que l'homme n'a et ne peut pas avoir sur leur marche d'action durable ». C'est la reconnaissance du droit de la force, et la perpétuité de l'anarchie dans la société. Quelle morale? De même raisonnent les mystiques spiritualistes qui nous prêchent la résignation aux décrets de la providence, et nous disent que le bonheur et la justice ne sont pas de ce monde, etc.

lutte des classes. En socialisant la liberté, il nous moralise.

En nous élevant à un degré supérieur, nous avons montré que du concours réciproque des libertés individuelles se formait une force de collectivité supérieure à la force de chacun, laquelle est toute puissante et indispensable dans la formation des capitaux et de la richesse. Et nous avons été amené à reconnaître le droit de la société sur les valeurs naturelles et collectives qu'elle fait naître, à seule fin de pondérer les forces qui la composent, c'est-à-dire de servir de garantie au droit naturel et à la liberté de chaque citoyen *(hic)*.

En distinguant dans la masse de la richesse la juste part qui revient à l'individu pour son produit, comme celle qui revient à la société dans les plus-values qu'elle fait naître incessamment (v. Ch. 12), nous avons reconnu que la science sociale n'est qu'une question de comptabilité. Elle est donc du domaine du sens commun. Nous dirons ici de cette science ce qu'on a dit de l'Ecriture sainte : « Elle renferme des vérités élevées capables d'exercer les esprits les plus éclairés, elle contient aussi des vérités simples propres à nourrir les humbles et les moins savants ». Ajoutons que les éléments rudimentaires de cette science doivent nécessairement être enseignés à l'école primaire, comme jadis le catéchisme, afin de former le caractère de tous les producteurs à la vie politique et économique que comportent les rapports sociaux. En effet, n'est-ce pas de la communauté des idées, des intérêts et des sentiments que se forme l'attraction des êtres et que se consolide le lien moral ?

*Réaction ou Révolution.* Nous avons vu que les abus de la propriété et du capital peuvent être éliminés, tout en conservant à ces valeurs le rôle nécessaire qu'elles remplissent dans la formation de la richesse, et surtout pour la conservation de la liberté du travail ; et la définition que nous en avons faite nous conduira dans cette seconde partie à établir une *Archie* au lieu et place de l'anarchie économique qui nous dévore. Notre définition des plus-values a fait ressortir avec évidence le droit imprescriptible de la nation sur les richesses données sans travail gratuitement par la nature, dont la conséquence sera la reprise d'une partie des rentes qu'elles produisent du fait même de la société, et non de l'individu ou de la C^{ie} qui les fait valoir. Et ces reprises conformes au droit collectif sont le seul moyen d'atteindre à leur source les abus de la rente ou *aubaine* indûment abandonnée par tous les gouvernements au profit de quelques-uns. Alors les capitaux de toutes sortes dépouillés de leurs privilèges ne rendront à leurs possesseurs que proportionnellement à leur travail. La propriété pour l'oisif n'a de charmes que pour les revenus qu'elle produit, autrement il l'abandonne. Dans l'anarchie actuelle l'antagonisme des intérêts est à l'état aigu, la petite bourgeoisie et la classe moyenne n'auront bientôt plus à choisir qu'entre la réaction ou la révolution, « il n'y a pas place pour un troisième terme ». Il faut donc opter entre l'abandon des plus-values et la limitation du droit de propriété, ou se résigner à disparaître et à tomber dans le salariat, devant les grands fiefs de la féodalité renaissante, dont la menace de confiscation communiste prépare le règne définitif.

Or, demandent les anarchistes et les communistes, quand et comment s'opérera la réforme du droit d'aubaine ou de rente indûment acquis à la propriété et au capital, quand le code imité du vieux droit Romain par Napoléon Iᵉʳ, définit la propriété et toutes les propriétés « le droit de jouir et de disposer des choses de la façon la plus absolue » (art. 544) (1), et que les institutions,

______

(1) Cette définition du droit absolu de propriété, revient à celle du droit Romain. « *Jus utendi et abutendi re sud* ». Droit d'user et d'abuser de la chose.

les lois, et surtout les idées, s'inspirent encore de ce droit barbare et égoïste ?

Eh bien, nous répondons ce que nous venons de dire : quand nous aurons compris que la formation de la richesse et des capitaux est bien plus un fait collectif ou social qu'individuel, et que la répartition de cette richesse ne peut être proportionnée qu'au produit de chacun, et que les grandes fortunes, quelle qu'en soit la formation légitime, sont un accident ou plutôt une calamité (1), et que la société au nom de la morale, de la liberté et de la justice économique, ne peut qu'accorder une possession viagère; et qu'à la mort du titulaire ces grandes fortunes doivent, en partie, (notez en partie) faire retour à la société qui en a été le principe générateur (v. Ch. 16).

Dans toute société commerciale ou association volontaire, la part du produit est proportionnée à l'apport des co-associés, et dans la société humaine, cette grande association collective où tous les intérêts sont solidaires, il y aurait toujours, d'après le droit *absolu* de propriété, par l'autorité des intérêts

(1) Voyez la malheureuse Irlande; l'Italie dont la population émigre sans cesse. Comparez aussi nos plus riches départements avec les plus pauvres, et vous verrez le paupérisme et la dépravation sévir avec beaucoup plus d'intensité dans les premiers.

établis et le charme magique de la fortune, une force qui s'approprierait sans travail les richesses collectives, et qui tiendrait au nom de la liberté une classe de parias sous le joug, la condamnant ou l'assujettissant à un labeur excessif et abrutissant, et d'autres, comme on dit déjà, qui n'auraient que la peine de naître pour être heureux, consommant sans cesse sans produire, et qui seraient comme l'a dit Proudhon « créés et mis au monde pour faire du fumier ».

Celui qui mange dans l'oisiveté ce qu'il n'a pas gagné, le vole, dit J.-J. Rousseau, cité par M. Jules Simon, et ce dernier observe aussitôt « que cela n'est vrai que pour la loi morale et faux pour la loi politique ou écrite ». Sans doute, mais la loi politique ou écrite est une iniquité, il est nécessaire de la réformer afin de l'accorder avec la loi morale. Tel doit être le but du législateur et du philosophe.

Nous allons, dans cette seconde partie, tenter d'appliquer la pratique à la théorie du droit naturel que nous venons de définir. Et nous espérons que les préjugés conservateurs, tout comme les idées impatientes ou absolues, nous pardonneront notre hardiesse à résoudre révolutionnairement un problème qui demande le concours de toutes les bonnes volontés, de tous les intérêts, et des lumières nécessaires que comporte un pareil sujet. Nous pensons donc, comme la fable indienne, que « la vérité est un miroir brisé en mille millions de facettes ; que nul n'a la main assez large pour les ramasser toutes, et que chacun a droit et devoir d'en rapporter sa part pour refaire le tout ».

# CHAPITRE XX



## LIQUIDATION ET RÉNOVATION SOCIALE.

Le droit commutatif, base dé notre future constitution économique, sera le contrat synallagmatique de la fédération de tous les intérêts en dehors duquel il n'y a qu'étrangeté, défaut d'équilibre, accaparement, lutte et antagonisme des forces qui composent la société. La Révolution, en reconnaissant ce droit, ne pourra reprendre son essor pacifique qu'en liquidant à tous les points de vue la situation :

1° En unifiant la dette nationale, ainsi que les dettes hypothécaires, chirographaires, actions, obligations de toutes sortes, par la conversion provisoire de l'intérêt au taux légal de 2 0/0 ;

2° Par le rachat des chemins de fer, mines, assurances, etc., sans bourse délier, au moyen de la conversion des actions en obligations dont l'Etat garantit le remboursement au titulaire au prix de l'émission.

Le rachat au pair serait, dit-on, une banqueroute déguisée, puisque les valeurs ont plus que doublé pour les chemins de fer ; celles de certains

charbonnages et des C$^{ies}$ d'assurances, valent plus
de vingt fois le prix de l'émission. Nous répondons
que ces valeurs ont été ainsi majorées au détriment du public par les prorogations successives et
les conventions passées entre les gouvernements
et les C$^{ies}$, véritables contrats léonins que la législation a reconnus et que le peuple déchirera quand
il y regardera, et dont l'effet est de produire l'a-
némie de la nation par le haut prix de tarifs concédés.

### *Comment payer nos dettes?*

3° En opérant le remboursement de la dette
nationale, dont le résultat serait de lester le budget
des recettes d'un milliard, et ce reliquat serait
employé à la création d'une banque populaire de
crédit gratuit, constituant ainsi le crédit public
sans augmentation d'impôts.

A propos de la liquidation de la dette j'ai déjà
écrit : Puisque les classes dirigeantes ont bien fait
(trop bien fait) leurs affaires en endettant la nation, elles seront chargées d'en opérer le remboursement, sans participation aucune de la classe
moyenne et ouvrière. A cet effet, on pourrait ou-
vrir une souscription nationale, et en cas de résistance et d'opposition des milliardaires et des mil-

lionnaires, opérer la confiscation comme M. E. Drumont le conseille pour tous les biens des Juifs (v. Ch. 25) (1). En agissant ainsi, nous serions plus justes que l'ancienne monarchie, laquelle, pour payer ses dettes, arrêtait ses créanciers, traitants, usuriers, leur faisait rendre gorge, en les envoyant à la Bastille ou au gibet. Ajoutons que cette liquidation de notre dette, supportée par les millionnaires, serait sous tous rapports une restitution des biens communaux dont ils se sont emparés, et de ce que les écumeurs d'affaires, manieurs d'argent ont gagné par le jeu de spéculations agioteuses ; et à l'aide d'une législation complaisante, par les prorogations successives des privilèges des mines, de la banque de France, des chemins de fer et des dernières conventions, etc. Et nous dirons ici, pour toutes les fortunes colossales, comme l'a dit un éminent jurisconsulte, M. Oscar de Vallée,

---

(1) Mais, dit-on, on ne pourrait opérer la confiscation que par la violence. Sans doute, mais le sentiment du juste n'est pas éteint dans le cœur des hommes ; et les riches mieux éclairés de la situation et de l'esprit de l'économie sociale, pourraient reconnaître la nécessité d'opérer cette liquidation. J'en connais plus d'un qui ferait le sacrifice de la moitié de sa fortune pour établir définitivement l'ordre et la justice dans la société. Qui peut dire non ? Si l'égoïsme a compromis la situation, l'altruisme peut la rétablir. Il ne faut que les circonstances, un exemple pour entraîner la masse. Rappelons-nous la nuit du 4 août.

dans son livre des *Manieurs d'Argent* (citant d'Aguesseau) : « c'est un bien qui n'appartient à personne et qui doit être rendu au public pour soulager le pauvre ».

### *Appropriation individuelle.*

En liquidant le passif, à tous les points de vue, il faut en même temps anéantir les abus qui l'ont causé, afin d'en prévenir le retour. Nous avons dit en commençant que le droit d'appropriation pour tous les travailleurs était l'assise de la liberté du travail ; nous devons encore ajouter que cette liberté est une « fonction », parce qu'elle est le contrefort tout puissant à opposer aux envahissements et aux dilapidations de tous les gouvernements, comme aux accaparements individuels, dont le fait a été constitué en droit ; mais ne l'oublions pas, ici est le point de départ du droit de l'homme proclamé en 89 (et non défini). Le peuple a donc à reconnaître que le droit nouveau doit reposer sur l'appropriation des instruments de production, mais qu'en bonne justice économique ce droit doit être limité à ce que le producteur, la compagnie ou l'association peuvent mettre en mouvement dans leurs exploitations.

Or, il est nécessaire de substituer le contrat de

vente au fermage ou loyer de la terre, de l'usine ou de maisons (1), et en faciliter l'acquisition à l'aide de crédit gratuit ou plus simplement par l'achat par *arrentement*. Le fermage supprimé, la vente de la terre, en réunissant le pétitoire au

(1) Nous avons déjà dit que sous l'Empire, avait paru comme ballon d'essai une brochure anonyme, que l'on supposait partir de l'initiative d'en haut. Elle était intitulée « *Pourquoi des propriétaires à Paris* ». Voilà tout ce que j'ai su de cette publication. Dans les grands centres, la facilité des locations, et la cherté des loyers, rend le propriétaire indifférent au confortable et à la salubrité des logements d'ouvriers. Ce qu'il vise, c'est d'obtenir de gros revenus avec le moins de frais possibles.

Dans les grands centres, les maisons contenant plusieurs logements ou appartements ne pourraient être appropriées en commun par les locataires, ce qui créerait la servitude ou la guerre entre propriétaires indivis ; mais si les immeubles devenaient propriété communale, il est certain que le prix actuel des loyers servirait à leur amélioration, et une fois l'amortissement effectué, le peuple aurait des logements salubres, confortables, et à bas prix.

La propriété bâtie pourrait être individuelle et communale. C'est-à-dire que la commune pourrait acquérir une maison que le propriétaire ne devrait plus louer, et qu'il ne trouverait pas à vendre, et lui en revendre une pour son utilité personnelle. Le droit d'acquérir et de vendre, constituerait pour la commune la personnalité civile. En tous cas, le droit d'appropriation communale ne serait nécessaire que dans les grands centres ; il serait la sauvegarde de l'intérêt collectif des ouvriers : ce qui n'empêcherait pas, à l'occasion, ce dernier de devenir propriétaire d'une maison en rapport avec ses besoins et ses économies.

possessoire, fait du fermier un homme libre qui a intérêt à améliorer la terre, au lieu que locataire, il l'amoindrit à fin de bail. Qu'on y songe? Le loyer est un reste de sujétion féodale. La terre acquise au paysan, comme l'usine aux compagnies ouvrières, c'est le rayonnement extérieur de notre personnalité, limitée à la sphère du travail, et la mise en mouvement des capitaux par la force individuelle et collective qui les a produits. Mais surtout, c'est la fin du droit *d'aubaine* ou de rente sur la terre et les instruments de production dont l'individu jouissait sans les faire valoir.

Afin de corroborer nos idées sur le droit d'appropriation individuelle des instruments de travail, nous allons citer quelques lignes du livre de M. Jules Simon, *Le Travail*, page 393 : « Le travail est si manifestement la source de l'appropriation, que l'homme croit toujours s'approprier ce qu'il transforme par son travail ». — « Dès que le travail est prolongé longtemps sur le même objet, il tend à l'élimination du propriétaire ». — « C'est pourquoi l'emphytéose paraît menaçante pour le propriétaire du sol, et que la rente perpétuelle perd tous les jours du terrain. Sous la Révolution, les colons ou propriétaires superficiels ont évincé les propriétaires fonciers, tous les emphytéotes ont voulu se déclarer propriétaires incommutables, etc. ». — « Qu'est-ce l'achat par arrentement? Qu'est-ce même que l'institution toute moderne du crédit foncier, sinon la conséquence admise de ce principe historique *non encore admis*, que la propriété étant le fruit du travail, la longue *oisiveté* du propriétaire et la longue *activité* du fermier doivent infailliblement avoir pour résultat de modifier ou de transformer la propriété ». Nous n'aurions jamais aussi éloquemment parlé.

Contre l'idée communiste, P.-J. Proudhon a écrit : « Pourquoi donc le travailleur rural serait-il découronné (dépossédé) ; le paysan aime la terre d'un amour sans bornes, comme l'a dit poétiquement Michelet. Ce n'est pas un colonat qu'il lui faut, un concubinage, c'est un mariage ».

« Dans le système de réciprocité contractuelle, chaque année d'amortissement vaut au paysan une part de terrain. Dans vingt ans, dit-il, moi qui ne devais rien avoir et qui n'aurais laissé à mes enfants que le souvenir de mes fatigues, je posséderai le fonds, je le vendrai si je veux, je changerai de pays s'il me plaît, ou quand je ne pourrai plus travailler, je me ferai avec mon fonds, qui est mon épargne, une rente viagère en l'abandonnant à mes enfants : ce sera ma retraite pour mes vieux jours ».

Ainsi, l'appropriation de la terre, comme celle de tous les instruments du travail, est bien le signe de l'activité et de l'épargne, le point ascendant de la richesse sociale et le règne de la liberté ; et la ·communauté, celui de l'immobilisme, du colonat, du despotisme et de la ruine.

### *Equilibre des fortunes.*

S'il est juste que le travailleur acquière la propriété, il n'est pas moins urgent au point de vue de la justice sociale et du droit naturel, de réformer la loi sur les successions et d'appliquer, au lieu du droit actuel, la progression au droit d'amortissement, ainsi que sur les donations entre vifs, afin de mettre un terme aux accumulations qui forment les fortunes colossales, lesquelles sont une cause de démoralisation, de désorganisation, et une honte pour la société. Il faut bien remarquer que le génie ne se développe chez l'homme, et que la richesse ne se forme que par la société. Et si la liberté individuelle comme la liberté du travail nous donne droit à la possession intégrale des richesses que nous avons amassées, ce droit ne peut être absolu que viagèrement (faute de quoi l'équilibre des fortunes est rompu), mais la société n'en conserve pas moins son droit d'action au pétitoire (droit dans la chose), lequel elle exerce déjà par le droit d'amortissement (133, 134).

## *Droit de mutation sur les valeurs immobilières.*

On observe que l'argent se dérobera, et que la plupart du temps le fisc ne pourra l'atteindre. Sans doute, mais les capitaux métalliques ayant perdu par le fait de l'établissement du crédit gratuit leur privilège d'agents de circulation, l'or et l'argent n'étant plus qu'une marchandise ordinaire, les millions d'un Rothschild cachés dans ses caves ne lui serviraient qu'à payer sa consommation quotidienne; ils finiraient par se dissiper au profit de la société. Mais je m'écarte de la question, l'argent est rarement considérable dans les caisses; il s'engage dans les entreprises industrielles et se convertit en valeurs au porteur. Et si le reliquat de la caisse peut se dérober, il y a le portefeuille, ce qui sera plus considérable. Mais on nous répond : ces valeurs se déroberont également. Non, parce que ces valeurs pourraient, comme les billets de commerce, être nominatives, c'est-à-dire qu'étant libérées, elles seraient livrées nominativement, et transmissibles par simple *endos* ainsi libellé : cession au profit de....., domicilié à..... La date..... Suit la signature du vendeur et de l'agent intermédiaire qui remet les titres à l'acquéreur, argent comptant. Or, les actions et obligations industrielles représentant des valeurs immobilières de plus de vingt milliards, seraient assimilées aux immeubles que le fisc peut atteindre, et cela sans préjudice de leur transmission ou de leur mutabilité instantanée. Ce serait une garantie contre les vols et les détournements de titres, et une discipline pour les jeux de Bourse.

Terminons ce chapitre en rappelant que le droit de la société reconnu, celui de l'appropriation individuelle n'en existe pas moins. Et on ne peut refuser au père de famille le droit de transmettre à ses enfants les fruits de son épargne, et même celui de tester, c'est-à-dire d'exercer la justice distributive, même par substitution, en faveur des petits-enfants contre un fils indigne. Or, la progression du droit d'amortissement ne doit s'exercer que sur les grands héritages, afin de rétablir l'équilibre des fortunes sans attendre qu'il cherche à s'établir par l'insurrection.

Ajoutons que les droits successifs ne doivent pas servir à alimenter le budget où le gouvernement puise sans cesse pour solder des services improductifs, mais pour lester la caisse de retraite de tous les travailleurs.

Dans une société bien organisée, chaque sorte d'impôt doit correspondre à un service spécial. Par exemple : l'impôt foncier serait affecté au service des compensations accordées aux mauvaises terres, ainsi qu'aux industries extractives ; comme l'impôt sur les successions serait affecté au service de la caisse de retraites des travailleurs, aux assurances contre les risques du travail, et à l'assistance publique, etc., etc.

# CHAPITRE XXI



En suivant le cours de nos définitions, le lecteur a déjà compris que le but que la société doit atteindre pour la rémunération des services de chaque spécialité (salaires, honoraires, intérêts) est de proportionner cette rémunération au service rendu. En reconnaissant comme cause du bien-être général, le concours et l'équivalence des diverses spécialités du travail (1), en distinguant les frais et risques qui le mettent en mouvement, nous avons signalé la possibilité d'en établir approximativement la valeur dans les différentes formes de la production, et la juste répartition des salaires d'après la force dépensée dans le travail et l'activité du génie inventeur (v. ch. 10).

Or, un homme dans sa spécialité ne produisant en moyenne que comme un, s'il réussit à recevoir

(1) Si par hypothèse, dans le produit collectif, on fait abstraction de la spécialité du bouvier et du berger, il manquerait à notre alimentation, la viande, et à notre vêtement, la toison pour le confectionner. Toutes les spécialités concourent donc au bien-être général. Mais il y en a de fantaisie, dont les produits reviennent cher, et dont l'absence ne porterait pas le même préjudice à la société.

en plus des frais et risques joints à son travail, un salaire double, triple ou quadruple des autres spécialités, il *prend* plus qu'il ne lui est dû, et à ce compte, il peut arriver à faire sa fortune avec l'argent des autres.

Il y a des spécialités, des professions privilégiées par l'usage et l'ignorance, lesquelles, à travail égal, offrent à l'ambition malsaine de l'homme le moyen de faire fortune sans créer, comme l'inventeur, de nouvelles richesses dont la société profite, et d'autres qui en s'exténuant à la peine, ne reçoivent pas même la portion congrue. Il n'y a donc pas encore dans la société réciprocité et solidarité de bien-être. Il y a anarchie et guerre sociale, où les intérêts s'entre-détruisent.


## *Bénéfices exorbitants.*


Les honorables négociants qui liront notre critique reconnaîtront que ce n'est pas la corporation que nous attaquons, mais seulement l'usage abusif du bénéfice indéterminé, lequel donne au négoce le caractère d'une spéculation agioteuse, au détriment des consommateurs.

Le rapport d'un président de syndicat agricole de Bretagne dit : « que les maraîchers de la région de Léon (Finistère), ont vendu dans la dernière campagne aux marchands en gros, au prix de 340,000 francs leur récolte de choux-fleurs, et cette récolte a été revendue aux marchands de détail un *million* 105,000 francs ». En estimant que le bénéfice prélevé par le marchand en détail soit plus élevé, on peut dire sans exagération que le consommateur a payé plus de deux millions ce que le producteur a livré pour 340,000 francs. Le pied de chou-fleur vendu sur place 0 fr. 08 centimes est vendu par le détaillant de 50 à 70 centimes. Il est encore dit dans le rapport qu'un courtier a gagné sur un marché de 400,000 pieds de choux-fleurs la somme de 150,000 francs. Donc, pas de commentaires.

## *Limitation des bénéfices du commerce.*

Au sujet des bénéfices exorbitants du commerce, on demande comment amener le négociant à vendre à juste prix sans atteindre sa liberté? Observons d'abord que le commerce a toujours été considéré comme une opération hasardeuse, plutôt qu'un acte de production régulière ; on a donc pensé qu'il était impossible de le soumettre comme le travail ordinaire, à une réciproque réglementation. Eh bien, nous allons voir que rien n'est impossible, et qu'il ne doit pas, comme par le passé, rester en dehors de l'organisation sociale, et qu'on peut amener le négoce à composition en conservant sa liberté, hormis celle de voler.

L'idéal du commerçant est de faire fortune, comme celui de l'artisan est de vivre en travaillant. Si le financier a deux langues, une pour faire la hausse et l'autre pour faire la baisse, le négociant en a aussi deux, une pour vendre et l'autre pour acheter. Or, il spécule sur l'ignorance de l'acheteur dans la valeur de la marchandise, ou dissimule le taux de son bénéfice. C'est là, dit-on, le secret professionnel, lequel le porte à chaque instant à mentir. Mais dans les affaires, la liberté de mentir c'est le vol déguisé, c'est la foi punique notée d'infamie dans l'antiquité. Si Jésus a chassé les marchands du Temple comme indignes, nous devons, en les justifiant, les faire rentrer dans la légalité.

Remarquons que dans l'ordre économique, les artisans ont limité la valeur de leur travail en déposant librement la série de leurs tarifs. Tant pour une heure de travail, pour un mètre de maçonnerie, de peinture, de charpente, etc. Pourquoi le négociant, le pharmacien, le médecin (1), le bou-

(1) Déjà les pharmaciens commencent à traiter avec les sociétés de secours mutuels pour la fourniture des médica-

langer, le boucher, etc., feraient-ils exception à la règle de la détermination générale de la valeur des produits et des services qui tend à se généraliser de plus en plus dans la société. C'est ce que réclame le sens commun, afin de corriger en tout et partout les effets du hasard, pour ramener à leur juste valeur les œuvres de l'homme.

Or, pour amener le commerce à limiter son bénéfice, il est nécessaire d'établir une statistique des produits et une mercuriale générale du prix de revient (ainsi qu'on commence à le pratiquer), afin de renseigner l'acheteur. Un article dont la valeur est connue du public ne rapporte, au dire des marchands, qu'un bénéfice limité. Nous y voilà, un bénéfice limité par les renseignements, puis par la concurrence, c'est la vente des marchandises se rapprochant déjà du juste prix avec bénéfice rémunérateur. Les renseignements qui servent au commerce de gros doivent s'étendre à tous les consommateurs. La boutique pourrait-elle toujours

ments à prix réduits, ainsi que les médecins pour leurs visites. Est-ce que la société entière n'est pas une grande mutualité qui repose sur la réciprocité des services. Nous voulons faire fortune, sans songer à la modeste part qui nous revient dans la production générale. Et nous ne comprenons pas encore dans notre individualisme borné qu'étant tous solidaires, nous payons par des agitations et des crises, les misères que la réalisation de cet idéal engendre en attendant que tout se liquide par une catastrophe.

argumenter de l'aléa, et baser ses bénéfices sur l'ignorance de l'acheteur, afin de faire fortune en dix ans.

## *La vente à la commission est la justification du commerce.*

La statistique du stock de marchandises, la mercuriale des prix sont déjà quelque chose servant à la sécurité de l'acheteur, mais ne sont pas suffisants pour la justification du commerce. Seule, la vente à bénéfice sur facture, c'est-à-dire à la commission, est véridique et morale. Alors, que le législateur en réformant la loi sur les marques de fabrique, oblige le producteur de la déposer et d'en montrer le signe sur chaque article ; de plus, de déclarer la qualité *telle quelle* du produit, et de la garantir à la livraison, sous peine d'être poursuivi comme escroc. Ferons-nous moins que les corporations qu'il ne s'agit pas de restaurer ?

2° Que pour compléter la mercuriale, l'administration, *la loi à la main*, oblige l'industriel et le négociant à déposer temporairement le taux de la commission qu'il jugera nécessaire à la rétribution de ses services, soit par série, en distinguant le classique de la fantaisie, le demi-gros du petit détail, le comptant du crédit. Tout cela est de la liberté. Le vrai commerce petit ou grand, d'après le droit commutatif, ne doit être moralement qu'une commission, et le négociant un commissionnaire à qui il ne doit plus être permis de mentir ni d'agioter.

Les temps sont venus d'imprégner de l'esprit de justice commutative le commerce, l'industrie et la finance. Et si la législation populaire s'inspirait de ces principes, les fabricants et négociants sérieux arriveraient franchement à marquer le prix coûtant de leurs marchandises en chiffres connus. Alors nous verrions qu'au lieu du honteux chantage qu'ils pratiquent aujourd'hui dans leurs réclames, et des sacrifices qu'ils font de certains articles pour amorcer l'acheteur, ils publieraient le taux de la commission qu'ils jugeraient nécessaire à la rémunération de leurs services, et même ceux qui ne voudraient pas vendre au prix fixe pratiqueraient la loi de l'offre et de la demande, le débat ne portant plus que sur le tant pour cent de commission. La vente sur facture se pratique déjà dans les maisons de gros avec certains acheteurs. Il faut donc vulgariser ces idées, et donner l'éveil à la législation qui paraît dormir du sommeil de la *mort.*

## *Les grands magasins.*

Ainsi, en disciplinant le commerce et l'industrie par la définition du bénéfice, la liberté de chacun est sauvegardée, la concurrence aidant, il n'y a plus qu'à laisser faire la boutique, et la vogue avec le profit seront aux plus diligents.

Les bénéfices du commerce sont en moyenne de 30 0/0 (sans parler de ceux du fabricant), certains articles se vendent jusqu'à 60 0/0. C'est alléchant, aussi les marchands sont les uns contre les autres, mais il n'y a que les grandes maisons, lesquelles, à l'aide de capitaux accumulés qui ont pu faire des fortunes colossales et captiver la clientèle par des réclames onéreuses, les autres végètent et se soutiennent à peine, et comme à Paris, disparaissent devant ces immenses bazars, lesquels sont servis par trois ou quatre mille employés ou serfs à qui la liberté d'accaparement ne leur permettra jamais de s'établir.

On croit généralement que les grands bazars, tels que le Louvre, le Bon-Marché, etc., peuvent, par rapport à leur chiffre d'affaires, vendre meilleur marché que les petites maisons. Nous allons voir qu'il n'en est rien. Dans le commerce de détail, les frais sont toujours proportionnés au nombre d'employés quand on arrive à un chiffre moyen d'affaires, et plus ce chiffre augmente, plus les frais du personnel sont proportionnés.

J'ai connu en province une maison de draperie et de rouennerie bien achalandée, achetant tout en fabrique, et dont le personnel était composé de l'homme et la femme, un petit apprenti-commis et d'une demoiselle de magasin, travaillant aussi aux écritures. Le chiffre d'affaires de la maison était de 200,000 francs, ce qui correspondait, pour chaque personne employée à la vente, une somme de 60,000 francs. Si les quatre mille employés du Louvre vendaient annuellement pour chacun 60,000 francs, cette maison ferait 24 millions d'affaires, tandis qu'elle ne les fait pas.

L'effet qu'ont produit dans le commerce ces vastes agglomérations a été l'accaparement des spécialités (sans profit pour le public), la destruction des petites et moyennes maisons. Il faut donc, au nom du droit naturel et de la liberté de chacun, détruire ces monopoles de fait, et appliquer à ces bazars, véritables mastodontes de la spéculation et de la féodalité nouvelle, l'impôt des patentes de première classe avec une taxe progressive appliquée à chaque spécialité qu'elles ont accaparées, et vous les verrez fondre comme les neiges d'antan. Le moyen commerce se reformera, ainsi que la liberté, pour l'employé, de pouvoir s'établir (1).

(1) Si la loi commutative obligeait le négoce à vendre à la commission, librement fixée, d'après le prix coûtant, les grands magasins, surchargés de frais, ne pourraient pas résister devant la division des spécialités qui pourraient établir le taux de la commission bien au-dessous de ces immenses bazars. *Exemple* : quatre employés de commerce en s'associant, pourraient vendre dans un sous-sol pour 500.000 francs de toile avec 10 0/0 de commission, et réaliser un beau bénéfice net. Tandis que le Louvre ne vend pas cet article à moins de 30 0/0.

# CHAPITRE XXII



Au point où nous sommes arrivés dans ce travail, le lecteur aura compris que la société économique repose sur deux principes essentiels, organiques : la force collective et la force individuelle, et que l'ordre dans la société, comme la santé du corps, dépend du fonctionnement régulier de chaque organe dans l'action commune. C'est ainsi que l'association du capital et du travail (v. ch. 23) peut seule régulariser l'action coopérative de ces deux forces. Il nous reste encore à dire comment, par cette association, s'engendrent l'un de l'autre, l'intérêt ou le droit individuel, l'intérêt ou le droit collectif, et d'établir la pondération de ces deux forces par le droit commutatif dans tous les rapports d'intérêts.

## Garantie contre la concurrence intérieure dans les industries similaires.

Il est indispensable de reconnaître, pour l'intelligence de ce qui va suivre, que dans toute industrie normale, le capital engagé s'amortit dans une moyenne de quinze ans. Or, en associant le capitaliste-entrepreneur avec les ouvriers, il arriverait que le capital étant amoindri par annuités, la compagnie ouvrière étant libérée, l'usine ou le matériel lui appartiendrait.

Mais, observent avec raison les communistes, la compagnie étant libérée de ses dettes, sera plus riche que celle des industries similaires qui n'auraient pas encore amorti leur capital engagé ; elle pourrait, par la concurrence, les ruiner et s'emparer du monopole de la production, et l'anarchie économique que vous voulez détruire, se continuerait entre les compagnies ouvrières, comme aujourd'hui entre patrons.

Sans doute, mais le nouvel ordre de choses implique la formation d'une constitution économique, laquelle aura pour but de préserver l'industrie intérieure de l'anarchie actuelle, de protéger la liberté économique des compagnies pauvres contre les plus riches qui auraient amorti leur dette, en imposant à ces dernières une patente ou taxe proportionnelle à leur chiffre d'affaires.

Alors, s'écrient les conservateurs, vous attaquez la richesse et l'épargne même des compagnies ouvrières, ce qui est une iniquité.

Nous allons voir qu'en protégeant la liberté économique des plus faibles, en empêchant le monopole des plus forts de se former, nous servons l'intérêt général et l'intérêt particulier des compagnies, nous inspirant en cela de la pratique ordinaire des nations, qui taxent à l'entrée les produits étrangers d'un droit, afin de protéger leur industrie et empêcher le monopole étranger de les ruiner.

Nous avons dit que la richesse individuelle est produite par la collectivité. Un fait indéniable va corroborer ce principe : c'est que le capital qui a servi au remboursement de la dette a été prélevé par la compagnie ouvrière sur le haut prix des produits qu'elle a livrés aux consommateurs (c'est ainsi qu'il se pratique dans toute industrie); c'est donc le public, c'est-à-dire la collectivité, qui a *seule* contribué à l'amortissement par la cherté des marchandises, comme nous contribuons tous en ce moment au remboursement des chemins de fer par la cherté des transports, et au capital de la Banque de France par le prix exorbitant de l'escompte. — Mais à la fin de la concession, ces établissements doivent rentrer dans le domaine public ou à la collectivité.

Or (par similitude), la compagnie ouvrière ayant amorti sa dette à l'aide du haut prix de ses produits qu'elle a livrés au-dessus du prix de revient, il se trouve que c'est la collectivité qui a payé l'amortissement. Si l'industrie de la compagnie n'est pas déclassée, elle continuera son exploitation, mais comme nous venons de le dire, elle aurait à payer une taxe ou patente proportionnée à son chiffre d'affaires, et les industries similaires qui n'auraient pas amorti leur dette, seraient protégées contre les plus riches. Le produit de ces taxes devrait retourner à la collectivité afin de servir à alimenter la caisse de retraite de tous les travailleurs. Ainsi, nous voyons l'intérêt individuel et l'intérêt collectif s'engendrant l'un de l'autre, et notre industrie est protégée par le droit commutatif contre le monopole du capital accapareur au profit de la collectivité.

Dans l'association du capital et du travail, le capitaliste cesse d'accaparer les instruments de production. Ayant reçu avec le remboursement de son capital, et l'intérêt concédé, à titre de risque de l'entreprise, il ne fait plus partie de la compagnie, il est donc libre de chercher à ses risques et périls de nouvelles entreprises. Tandis qu'aujourd'hui, l'entrepreneur capitaliste cumule avec ses bénéfices les frais d'amortissement qu'il a prélevés sur la cherté des produits qu'il a livrés à la consommation. C'est ce qui s'appelle bien faire ses affaires avec l'argent des autres.

Il résulte donc de ceci que le capital et le travail, en rapport commutatif avec l'intérêt public, sont tout puissants par l'association pour créer la richesse et l'ordre, et qu'en dehors de cette unité, le capitaliste, par le monopole et l'accaparement, est cause de la misère et de la dégradation de l'ouvrier; il appauvrit la nation et il est fauteur de désordre. Il est donc temps que le capital, ce fils du travail, rentre sous le toit paternel, et que, comme l'enfant prodigue, il demande pardon de ses fautes.

Nous considérons l'industrie, sous le régime de l'association de droit du capital et du travail, comme le premier degré de l'intérêt général ou commutatif; et à un degré supérieur, la création sous le contrôle de l'Etat (et non la direction) des grandes entreprises d'intérêt commun, dont nous allons dire un mot et donner quelques exemples.

Si le législateur du suffrage universel eût été mieux éclairé et fidèle à la législation antérieure, il n'aurait pas livré en pâture à la finance nos entreprises d'intérêt commun, par les prorogations successives des concessions primitives : Mines, Banque de France, transports, etc. (et garanti encore par les dernières conventions de 1883 des dividendes exorbitants aux Compagnies de Chemins de fer). Ces valeurs auraient pour la plupart amorti leur capital depuis longtemps à l'aide des hauts tarifs des primitives concessions; elles seraient rentrées au domaine collectif, et feraient partie des services publics à prix de revient. Conservateurs optimistes, prenez garde ; pour être retardée, l'heure de la liquidation n'en approche pas moins.

## Assurances mutuelles, Impuissance de l'autorité et du pouvoir personnel à les réaliser.

Nous ne cessons de dire dans cet ouvrage que les gouvernements forts, ou autoritaires, ne reposant que sur les intérêts établis, sont impuissants à en établir de nouveaux. Voici, à propos d'assurance mutuelle, une preuve irréfutable de nos assertions, et que l'opinion ferait bien de méditer.

On a calculé qu'en France, par l'assurance mutuelle, on pouvait assurer les cinq principaux risques : incendie, grêle, gelée, inondation, épizootie aux prix que demandent actuellement les compagnies d'assurances incendie, soit en moyenne 60 centimes du mille. Aujourd'hui l'assurance grêle coûte dix francs, et n'assure pas les localités sujettes à ce risque. Le prix de 60 centimes porterait à 2 fr. 40 du mille le prix de l'assurance des quatre risques agricoles, et avec vingt-quatre francs, un cultivateur pourrait assurer pour 10,000 francs de céréales et de bestiaux.

Quatre années de mauvaises récoltes sur dix ne sont pas rares. Il n'en faut pas davantage pour faire sombrer la barque du cultivateur, quand déjà elle est entamée par l'écueil de l'hypothèque. S'assurer mutuellement contre le risque de non-récolte vaut bien la peine pour le cultivateur de regarder de ce côté.

Dans une conversation que j'ai eue avec M. Langlois, député de Seine-et-Oise, il me fit part qu'il avait déposé à la Chambre, un projet d'assurance mutuelle agricole : mais je crois, dit-il, que mon projet n'aboutira pas. Napoléon III, qui avait plus de poids que moi, avait aussi tenté (mais vainement) de doter le pays d'assurances mutuelles. D'autre part, on m'a affirmé à ce sujet, que le gouvernement impérial, sous l'inspiration de l'Empereur, avait fait étudier par un chef de division au ministère d'Etat, un projet complet d'assurance générale basée sur la mutualité. Il paraît que cela scandalisa les gros magots des compagnies, et chez elles la rumeur fut si grande que le projet est resté dans les cartons. C'est comme si les compagnies avaient dit à l'Empereur : « Sire, nous vous abandonnons la politique, vous n'avez pas à vous occuper d'économie, les assurances ne sont-elles pas notre propriété. »

Voilà bien l'impuissance démontrée des gouvernements forts et personnels résultant de la séparation de l'économie sociale et de la politique. Ces deux moteurs inséparables étant la base du mouvement et du progrès dans la société.

Le législateur populaire supprimera les assurances actuelles, et établira un système d'assurance générale mutuelle, dont nous venons de montrer l'avantage pour la culture. Mais, dira-t-on, et les compagnies ! eh ! bien, puisqu'elles n'ont pas ployé devant l'Empereur, et que nos représentants (qui ne représentent rien) ne daignent pas s'en occuper, que l'opinion s'en inspire, et devant l'opinion, elles feront leur nuit du 4 août.

Nous avons donc eu raison de dire que si l'opinion n'est pas préparée à l'avance, aucune réforme ne peut aboutir.


*Projet de loi sur le Crédit public proposé par le conseil de législation à l'adoption du peuple français (extrait de nos brochures).*


EXPOSÉ DES MOTIFS. Le conseil de législation, après avoir délibéré en séance publique et livré le résumé des débats à la publicité, considérant qu'après la liquidation nationale qui doit s'effectuer prochainement, il y a lieu de doter la na-

tion de l'institution du crédit gratuit, lequel étant
considéré d'intérêt général, doit faire désormais
partie des services publics : 1° parce qu'au point de
vue industriel et commercial, l'emprunteur tout
en cherchant à servir son intérêt personnel, emprunte aussi pour transformer une valeur et en
produire une autre ; qu'à ce point de vue, il doit
être considéré comme entrepreneur et créateur
de richesse sociale ; 2° mais que du fait même de
la concurrence, intérieure ou extérieure, il arrive
souvent que l'emprunteur ne peut faire entrer
dans son produit la rente qu'il paie au créancier ;
il est en déficit, et bientôt il se ruine. Tel est le
cas de certains fermiers, agriculteurs et emprun-
teurs, qui ne peuvent que servir l'intérêt, sans
amortir jamais le capital, et aussi de l'artisan, et
de ceux qui commencent à s'établir et à travailler
avec l'argent des autres, ne pouvant pas soutenir
la concurrence de ceux qui travaillent avec leurs
capitaux ; 3° cette dernière considération nous a
porté aussi à demander la suppression du droit
d'inscription hypothécaire, qui n'est qu'un droit
inique servant à protéger les intérêts établis, contre ceux à établir ; 4° le crédit mutuel et gratuit
servira également aux ouvriers, ce qui leur permettra d'acquérir la propriété de leurs logements
et celle des instruments de leur travail : car la

rente qu'ils payaient avant, servira sous forme d'annuité à rembourser le principal ; 5° cette loi, dont nous proposons l'adoption au peuple français, est une institution et une application de la loi commutative, puisque la caisse est formée du produit des impôts provenant du reliquat disponible de la liquidation de la dette nationale, et qui, comme une cotisation, sert à en former le capital, ce qui constitue pour la nation, l'épargne par l'impôt, et le pouvoir pour le citoyen d'acquérir la propriété.

ARTICLE 1<sup>er</sup>.

Le crédit est d'institution sociale, il sera gratuit.

ARTICLE 2.

La caisse du crédit populaire sera formée du reliquat de l'impôt de 1 milliard provenant du remboursement de la dette par les millionnaires. Quand l'encaisse aura atteint 10 milliards — dans dix ans — on procèdera, s'il y a lieu, au dégrèvement des impôts.

ARTICLE 3.

La banque du crédit public est autorisée à émettre annuellement 200 millions de monnaie

fiduciaire (à l'imitation de la Banque de France).
Ce papier ne servira que pour les prêts à courte
échéance, 3, 6, 9 et 12 mois au plus.

## ARTICLE 4.

Les prêts à long terme, en monnaie métallique,
ne pourront dépasser la moitié de la garantie
hypothécaire. Les avances à courte échéance en
monnaie fiduciaire, n'excèderont pas le dixième de
la garantie mobilière ou immobilière.

## ARTICLE 5.

Le droit d'inscription hypothécaire est de 20
cent. 0/0 et l'intérêt du capital ne peut excéder les
frais de l'administration de la Banque, laquelle
rend ses services à prix de revient. Ce droit, ou
intérêt, est fixé provisoirement à 50 cent. 0/0 l'an.

## ARTICLE 6.

Le remboursement se fera par annuités depuis
5 0/0 jusqu'à 100 0/0 inclusivement.

Croit-on que le peuple français hésiterait à se
prononcer pour l'affirmative sur une loi qui donnerait aux travailleurs, l'accès à la propriété et à

la possession des instruments de leur travail en leur offrant à titre d'épargne la rente qu'ils payent aux capitalistes.

### Exploitation des chemins de fer à prix de revient, les transports à bon marché.

En revisant les contrats léonins qui attachent le public à la spéculation financière des Compagnies de chemins de fer, on pourrait en opérer en même temps le rachat immédiat, et sans bourse délier, en convertissant les actions en obligations ; mais ne parlons de cela que pour mémoire.

A l'échéance du monopole qui leur a été concédé par les prorogations, en 1949 ou 1950, ses valeurs rentreront au domaine public. On embarrasserait fort nos députés et l'opinion si on demandait dans quel esprit on pourrait les exploiter. Est-ce l'Etat ? mais on sait que son exploitation coûte cher, et que les gouvernements toujours obérés pourraient profiter des hauts tarifs afin de remplir le budget, lequel sous la centralisation ne s'équilibre jamais. Les affermera-t-on à des compagnies d'exploitation ? mais avec les idées actuelles, l'affermage suppose que les compagnies concessionnaires, plus soucieuses de leurs intérêts que de l'intérêt général, tendront à réaliser des bénéfices les plus gros possibles. Ou bien l'Etat concédera encore, à l'aide des prorogations, un monopole perpétuel (les motifs ne manqueront pas plus que pour les conventions de 1883). Il arrivera ce qui est arrivé pour les mines et les compagnies d'assurances, que les voies de circulation seront devenues la propriété des compagnies financières. Il nous restera peut-être comme aujourd'hui, la liberté politique et le parlementarisme, mais il nous faudra celle de la résignation. Et on ne pourra plus dire République française, on dira seulement République des monopoles, et la féodalité nouvelle sera définitivement constituée.

Nous pensons que les transports doivent désormais faire partie des services publics, comme les postes, la Banque de France, etc., et de l'exploitation desquels l'Etat ne doit avoir que la haute surveillance, et que tous ses services doivent être rendus à prix de revient, pour les purger de l'esprit agioteur et autoritaire qui les anime, et afin de les imprégner de l'esprit commutatif qui leur manque.

Les voies de circulation rentrées au domaine, soit par le rachat, ou à l'expiration de leur privilège, les nouvelles compagnies ouvrières, concessionnaires, de concert avec l'Etat, feront ce qui se pratique aujourd'hui, un inventaire général du matériel, dresseront une statistique des frais de l'entretien de la voie et du matériel en général, et de ceux d'exploitation, etc., établissant par ce moyen, avec exactitude, le prix de revient kilométrique d'une tonne de marchandise de 1,000 kilogrammes, ainsi que pour le transport des voyageurs. Ces prix pourraient varier pour certains réseaux de 50 à 100 0/0, mais dans la moyenne générale on arriverait, par la fusion des compagnies, à établir par compensation (ainsi que dans les postes) un prix de revient de 2 à 3 centimes par tonne et par voyageur.

Les compagnies financières n'existant plus, les employés actuels formés en compagnies ouvrières, traiteraient avec l'Etat qui leur ferait des concessions temporaires (soit cinq ans), pour les différents réseaux avec un tarif unique et à prix de revient. Et pour parer aux éventualités, accidents, responsabilité, etc., on pourrait élever le prix kilométrique de 2 centimes à 2 centimes et demi, ce qui permettrait aux compagnies fusionnées de réaliser un bénéfice net raisonnable, auquel l'Etat entrerait en part afin de l'indemniser de la haute surveillance qu'il doit exercer sur les transports.

Le droit commutatif, ou la mutualité, c'est les compagnies ouvrières demandant au public, représenté par l'Etat, la garantie des transports par contrat, en offrant réciproquement la sécurité, le bon marché par le prix de revient. Voilà l'idée du contrat social appliquée à l'industrie des transports, et le monopole justifié par la mutualité.

Aujourd'hui, une tonne de marchandise parcourant 200 kilomètres au prix d'une série du tarif actuel, soit 6 centimes, revient à.. . . . . .    12 fr.

Avec le tarif à prix de revient, 2 centimes et demi, la même tonne coûterait.. .    5
_________
Différence. . . . . . . . .    7 fr.


Un voyageur parcourant 200 kilomètres au prix du tarif actuel, 7 centimes, paie. . . . .    14 fr.

Le même voyageur, avec le tarif à prix de revient, 2 centimes et demi, dépenserait. . . . . . . . . . . . . . . . . . . .    5
_________
Différence. . . . . . . . .    9 fr.


.Les cahiers des charges qui constituent l'exploitation à prix de revient seront annuellement révisables : si le bénéfice prévu pour un exercice était dépassé, il y aurait lieu de baisser les tarifs à proportion de l'excédent, et *vice versâ*. Le bas prix des transports amènerait une augmentation du trafic, c'est la baisse qui en résulterait, dont l'effet serait une augmentation de richesse pour la société de 200 0/0 sur la circulation des produits.

Du côté moral et civilisateur, autre avantage. Les employés actuels, embrigadés en mode autoritaire, seront hiérarchisés en mode mutuelliste, c'est-à-dire que le roulement des grades, basé sur l'instruction professionnelle et la moralité, s'opérera dans chaque section à l'aide d'examens, et l'employé dans sa division pourra obtenir un diplôme (sujet d'émulation) et aspirer à son tour à chaque mutation au grade qui y correspond.

Pour arriver à ce résultat, il n'y a rien à démolir, il suffit de donner une direction nouvelle aux idées commutatives. C'est l'émancipation d'une classe de citoyens dignes à tous égards de fixer l'attention de nos réformateurs.

Dans toutes les spécialités du travail, les capacités ne font pas défaut, les cadres sont formés et remplis. Dans la mine, à l'usine, dans l'atelier, l'organisation du travail est complète, et les employés sont subordonnés nécessairement par la division du travail et la hiérarchie des emplois depuis l'ouvrier auxiliaire à l'ingénieur inclusivement. Mais, actuellement, l'esprit de favoritisme, d'omnipotence et d'insolidarité, sont des causes d'insouciance qui rendent précaire cette magnifique organisation.

Dans les compagnies ouvrières, par l'association *de droit*, l'intérêt des co-associés est définie 1° par l'accès facultatif de chacun au roulement des grades et par la subordination nécessaire et hiérarchique des emplois ; 2° par la détermination de la valeur des services ; 3° et par le rapport commutatif envers le public, la responsabilité et la garantie des intérêts respectifs est établie entre producteurs et consommateurs. La liberté du travail et l'échange sont démocratisés, et acquièrent une puissance de moralisation et de discipline, à laquelle la spéculation individuelle la mieux entendue ne peut atteindre. Même l'association volontaire, comme le travail individuel chercheront à établir leur sécurité par le rapport commutatif, lequel doit se généraliser à l'infini dans tous les rapports sociaux.

## LE COMMERCE DES BLÉS ET FARINES.
### LE PAIN A PRIX DE REVIENT.

*Insuffisance de l'offre et de la demande ; de la concurrence pour établir le prix des salaires et résoudre la question des grèves et des coalitions.*

Les syndicats corporatifs, en se fédérant, seront les assises du travail, et en établissant la valeur de main-d'œuvre constitueront la force du parti ouvrier. Ils ne doivent donc pas avoir pour but unique de provoquer les coalitions (pour la lutte des classes), qui ne sont encore qu'un moyen brutal reconnu par la loi pour réaliser leur droit, lequel, dans cette lutte, tourne toujours au profit des capitalistes, c'est-à-dire des plus forts.

Quel est donc le but des grèves et des coalitions ouvrières? Il est à seule fin de conserver ou d'obtenir des patrons le prix des salaires et des services, d'après les besoins nécessaires à l'entretien de la vie ou de l'existence. Rien de plus juste.

Malgré la tendance collective à réaliser ce but, l'esprit individuel ne connaît pas encore le moyen pratique de l'atteindre. C'est ainsi que le congrès des *grains et farines* (à l'esprit enfariné), réuni dans un esprit conservateur de la routine de l'économie politique, a déclaré à propos de la taxe du pain, qu'elle est arbitraire, que l'offre et la demande, et la libre concurrence, suffisent à en établir le prix.

Observons d'abord que si la taxe est arbitraire, elle sert au moins, là où rien n'est défini, à protéger le consommateur contre une coalition éventuelle des boulangers. Mais l'offre et la demande a aussi un côté arbitraire. Par exemple, si la demande exagérée des boulangers coalisés contre les consommateurs, ou contre la taxe, les porte à éteindre leurs fours pour obtenir la surélévation du prix du pain, que peut l'offre isolée du consommateur qui attend l'aliment indispensable de son repas et celui des siens ? Nous voyons par cet exemple que l'offre et la demande et la concurrence ne font que de consacrer par leur arbitraire le droit des plus forts, ce qui n'est pas une solution juste et libérale. C'est donc ainsi que les choses se passent dans les coalitions et les grèves.

Mais la liberté de l'offre et de la demande perd de son arbitraire quand elle est basée sur la loi commutative des intérêts, ayant pour *referendum* le prix de revient de tous les services établi consciencieusement par l'administration, ou mieux encore pour tous les salaires en général, par les syndicats corporatifs fédérés (1), réunis en congrès, et nommés *ad hoc*. Voilà dans sa plus simple expression

(1) On demande quel sera le point initial qui servira à fixer les débats du syndicat des diverses corporations confédérées dans le but de définir la valeur de tous les services? Au risque de nous répéter cent fois, nous dirons : le point initial est que les diverses professions étant équivalentes dans la société, le revenu du travailleur de capacité et de force moyenne doit être équivalent et égal dans chaque industrie. Et qu'il ne peut différer que par les frais d'apprentissage, de mise en œuvre, risques, chômages, etc. joint à chaque profession (v. ch. 11), ce qui est d'une appréciation facile et conforme à la pratique du sens commun et de la justice.

le principe de la constitution de la valeur de tous
les services, que nous ne savons pas encore reconnaître, et qui devra un jour s'appliquer dans tous
les rapports d'intérêts et d'échange. Quant à la
valeur utile ou d'opinion, v. ch. 4, page 48.

## *Le pain à prix de revient.*

Si, comme nous l'avons déjà dit, la valeur des
produits s'établit naturellement dans la pratique
d'après les frais de main-d'œuvre et autres, le prix
du pain (comme celui des autres produits) peut
s'établir explicitement d'après les frais de panification d'un sac de farine. Quels sont donc les frais
de panification? Ce sont, avec la dépense du com-
bustible, le prix du matériel et son entretien, le
salaire du mitron et du patron, en tenant compte
des risques joints à cette spécialité, lesquels doivent être établis par les syndicats corporatifs, et
c'est à l'administration municipale de veiller si le
tarif est appliqué.

Nous venons de voir qu'où la liberté individuelle
est impuissante à servir ses intérêts et à soutenir
son droit, la liberté collective représentée par la
fédération des syndicats corporatifs a pour mission
d'établir la valeur ou le prix de revient des pro-

duits, qui est le grand *referendum* des intérêts antagonistes.

Revenons à la question du pain. Aujourd'hui, c'est l'administration seule qui établit temporairement, dans certaines régions, le prix de revient du pain, d'après les frais de panification, mais sans obliger la boulangerie à suivre la taxe. Dans le cas d'une coalition des boulangers pour faire hausser le prix du pain au-dessus de la taxe officieuse ou officielle de l'administration, que peut faire aujourd'hui la liberté collective qui n'a pas d'organisation, c'est-à-dire les consommateurs? Eh bien, que la clientèle, la commune ou le quartier se syndiquent pour obtenir le juste prix de ce produit, traitant avec le boulanger par l'offre et la demande, d'après le prix de revient de panification d'un sac de farine. Et si l'entente ne peut s'opérer d'après la règle du prix de revient, que les municipalités établissent un four communal comme on établit un abattoir, alors elles traiteront avec les ouvriers boulangers (qui ne demanderont pas mieux que de s'établir) en leur offrant le prix rémunérateur du prix de revient établi par l'administration ou par les syndicats. On pourrait opérer ainsi avec la boucherie pour obtenir le juste prix de la viande.

Or, d'après la convention passée entre la municipalité et l'ouvrier boulanger, celui-ci pourrait, son marché à la main, obtenir de la caisse du crédit au travail, les avances nécessaires à sa nouvelle exploitation. C'est ainsi, d'après M. Jules Simon, qu'en Allemagne, les caisses de crédit mutuel prêtent aux ouvriers qui s'établissent les fonds nécessaires, sans autres *garanties* que la *moralité* de l'emprunteur. Et il constate encore que ces caisses ne font *jamais* de pertes. Voilà un moyen de haute moralisation provoqué par l'égalité des moyens économiques offerts par la mutualité, aux travailleurs, sur leur moralité.

Mais on observe que dans notre régime d'anarchie économique, il pourrait arriver que les boulangers se coalisent à l'aide de la concurrence, pour vendre le pain *au-dessous* de sa valeur, afin de faire tomber la boulangerie communale, espérant bien par esprit de monopole, se rattraper plus tard de leurs sacrifices momentanés, par la surélévation des prix. C'est un piège ou un artifice tendu à la naïveté des clients. Eh! bien, afin de protéger la liberté collective des consommateurs contre le monopole de fait des boulangers, que la municipalité offre une prime à la boulangerie communale proportionnée au rabais momentané que la coalition des boulangers a opéré; le sacrifice ne serait pas grand, et les coalisés en seraient pour leurs frais d'amorce.

*Nos utopies.*                                        18

## Constitution du monopole légal de la meunerie d'après le droit commutatif.

On se signe au seul nom du monopole, on proteste au nom de la justice et de la liberté, même contre sa légalisation. Cependant, il y a des industries, des services, dont l'exploitation ne peut être exercée avantageusement pour la société par l'individu ou par la libre concurrence; tel est par exemple le service des postes et télégraphes, les transports, le commerce des blés et farines (où s'exerce l'agiotage), et même des laines, lesquels sont des monopoles de fait (quoi qu'on en dise), soit qu'ils s'exercent au profit de l'Etat ou des compagnies financières contre l'intérêt général.

Le véritable monopole légal doit être constitué en établissant dans le cahier des charges un rapport commutatif avec l'intérêt public, et livrer ses produits à prix de revient. Voilà ce qui n'existe pas : le monopole légal fait partie des services publics, il est sous le contrôle de l'administration, et non sous sa direction. Le législateur considérant que la production et la vente des blés et farines sont la base de l'alimentation publique; que la liberté ordinaire, est, par la force des choses, impuissante à résoudre le problème qui

doit permettre au cultivateur de vendre son blé à
sa valeur, et au consommateur d'obtenir le pain à
bon marché, propose au peuple français l'adoption
d'une loi sur le monopole légal de la meunerie,
dont la teneur suit :

1° Le monopole de fait dont jouit la meunerie
commerciale, est constitué en monopole de *droit*
avec cahier de charges stipulant que le prix de
revient de mouture d'un sac de farine sera la base
du prix de vente ;

2° Au cas où les blés étrangers seraient achetés
par la meunerie meilleur marché qu'en France, il
sera fait une compensation de l'un par l'autre
pour établir le prix des farines ;

3° Un bénéfice net de tant pour 0/0, ou par sac
de farine, sera établi temporairement, afin de
couvrir les compagnies meunières de leur responsabilité, et dont l'Etat entrera en part proportionnellement aux frais de surveillance attachée à la
chose ;

4° Dans le cas d'abondance des céréales, et de
la baisse des farines, les tarifs du bénéfice net par
sac seront élevés de tant pour 0/0, pour former
une caisse de réserve, dont le produit servirait
dans les années de rareté, à atténuer la hausse au
profit des consommateurs, établissant ainsi en

tout temps un prix moyen dans le juste prix du pain ;

5° Les comptes-rendus de l'exploitation seront publiés à la clôture de chaque exercice;

6° Des syndicats agricoles établiront dans chaque région un tableau des terres de dernière qualité : 1° afin d'opérer le dégrèvement dont ces terres sont chargées ; 2° le rendement moyen de ces terres sera la base pour établir le prix moyen des céréales ; 3° le syndicat avec le délégué des contributions foncières, établiront encore un tableau pour marquer le rendement des terres des qualités supérieures, soit en prenant le prix actuel des baux (qui sont le signe de leurs plus-values) ou d'après l'estimation de leurs rendements comparés avec celui de la dernière qualité, afin de réviser sûrement les cotes, et d'établir équitablement les taxes qui doivent venir proportionnellement en aide aux terres inférieures.

Cette application de la loi commutative, c'est la liberté à la troisième puissance : liberté pour le cultivateur de vendre son blé à sa valeur ; liberté pour le consommateur de payer le pain à bon marché; liberté pour les minotiers de travailler avec sécurité, et bénéfice net limité conformément au droit commutatif. C'est la fin de l'agiotage sur ce produit.

*Arguments.* — Admettons que le prix de revient du blé de la dernière qualité de terre soit en France à 4 francs, et que la meunerie, pour parfaire la consommation nationale soit obligée de demander à l'exportation un tiers en plus de notre production, et que les blés étrangers arrivent à l'usine au prix de 3 francs ; et en compensant le tout ensemble, cela porterait par comparaison à 11 francs le prix de trois doubles décalitres, et mettrait le prix de l'un à 3 fr. 66 ; le cultivateur aurait intérêt à vendre son blé, et à acheter de la farine pour cuire son pain, et le public aurait le pain à bon marché.

### *Inconvénients de l'exploitation des services publics et de l'industrie par l'Etat.*

Il y a un rapport si intime entre la rapacité du fisc et les politiciens, qu'ils semblent toujours d'accord pour *imposer et pour émarger.* Les monopoles que le législateur confère à l'Etat, sont toujours pour celui-ci une source facile de revenus, pour satisfaire aux besoins d'une administration parasite et centralisée, dont les dépenses sont disproportionnées aux services qu'elle rend. Le monopole que l'Etat concède n'est odieux que parce

qu'il n'a pas de rapport commutatif avec les consommateurs qu'il prétend servir, mais qu'il exploite.
Ainsi quel rapport y a-t-il avec le monopole des
tabacs qui nous livre ses produits 400 0/0 de plus
qu'ils ne valent, avec le simple produit de la journée
de l'ouvrier? Il faut donc que celui-ci fournisse 4
jours ou quatre unités de travail pour en obtenir
une de l'administration.

Le monopole est nécessaire, avons-nous dit,
quand la liberté et la concurrence sont impuissantes à nous donner le bon marché. Supposons,
par exemple, que le service des dépêches soit librement laissé à l'industrie privée : il y a dans
certains départements des pays isolés, des fermes
qui ne reçoivent que point ou peu de correspondances, et où le prix de revient d'une lettre coûte
à l'administration 2 fr. Il est clair que si le service des dépêches était librement exercé par l'industrie privée, vu l'exorbitance du prix de revient
des lettres, ces pays ne correspondraient presque
avec personne : ils resteraient isolés du reste du
monde. Mais d'autres pays où l'industrie est développée, la population agglomérée, correspondraient entre eux à bien meilleur marché. L'industrie privée, excitée par la concurrence, pourrait arriver dans certaines régions à établir le prix
des lettres à 0 fr. 05, et à ce prix, réaliser un

bénéfice *net*. Mais dans la masse du pays, le service
des dépêches serait en souffrance par la différence
des taxes, et l'impuissance même de la liberté à les
unifier.


### *Le service des postes à prix de revient.*


Le législateur, en créant un monopole de droit
pour ce service en faveur de l'Etat, ne pensait pas
à l'origine qu'on pût en faire la concession à une
compagnie ouvrière. Il a eu soin d'interdire le
transport des dépêches, et même défendu aux
particuliers de transporter aucune lettre par commission. Cette protection nécessaire a eu pour
effet, en centralisant le service, d'établir par *compensation* une taxe uniforme accessible à tous.
C'est-à-dire que les régions populeuses qui auraient
pu par la libre concurrence avoir leurs correspondances à 5 centimes, les payent 15. Et cette
majoration de 10 centimes, permet à l'administration des postes, d'établir le prix des lettres dans
les pays les moins favorisés à 0 fr. 15 cent., au
lieu de 2 francs ; voilà à quoi servent les monopoles légaux pour les services publics.

*L'inconvénient* de l'exploitation par l'Etat des
monopoles que le législateur lui attribue, est
qu'ils sont sans rapports commutatifs ou de réci-

procité avec la masse des producteurs, et qu'ils peuvent servir par la surélévation des tarifs et des taxes, à alimenter le budget famélique des recettes : car les services des postes réalisent un bénéfice net de plus de 30 millions. Aujourd'hui que nous sommes plus éclairés sur le rapport commutatif de tous les intérêts, la concession à une compagnie nationale (ouvrière) des dépêches rendant ses services à prix de revient, s'impose au point de vue de l'ordre économique et de l'intérêt général, ainsi que nous venons de le montrer pour l'exploitation des chemins de fer. Et ici, on pourrait en élevant le salaire des facteurs ruraux, nous livrer les lettres à 0 fr. 05 cent. au lieu de 15.

Mais, on objecte : les taxes ou les hauts tarifs que l'Etat perçoit, sont au profit de la nation (c'est toujours la même ignorance de l'économie sociale). Mais, têtes dures que nous sommes, ce n'est pas la nation qui en profite, c'est le fisc et l'Etat qui nous dévore, par la centralisation, car l'industriel et le commerçant qui échangent entre eux une *masse* de correspondances, en comptent le prix avec les autres frais, ce qui augmente d'autant le prix de revient de leurs produits, et le peuple qui ne correspond guère, en rembourse le montant dans le haut prix des marchandises qu'il consomme.

*Les travaux en régie* que fait exécuter l'Etat ou le gouvernement, soit dans la marine. dans les chemins de fer, travaux publics, coûtent à l'administration cent pour cent de plus qu'ils ne valent. Ainsi, nos biens nationaux dans la forêt d'Orient (Aube), régis par une administration savante, ne rapportent aucun bénéfice à l'Etat, tout le produit est absorbé par les frais de régie. D'autre part, un homme compétent m'a assuré que le prix de revient d'un kilog. de tabac coûte à la régie 30 pour 100 de plus qu'en Belgique ou en Suisse, où ce produit est laissé à l'industrie. En France, un ministre coûte 120 mille francs, en Belgique 12 mille. Et cependant une paire de souliers se vend le même prix à Paris qu'à Bruxelles.

L'hégémonie industrielle de l'Etat ou de la communauté serait donc avec la perte de nos libertés, la ruine de la nation.

# CHAPITRE XXIII



Nous avons vu dans nos définitions que le principal agent de production est le travail, dont le Code civil n'offre aucune garantie pour l'ouvrier contre l'arbitraire du maître. *Par le contrat de louage d'ouvrage,* où il est dit, titre VIII, article 1781 : « Le maître est cru sur son affirmation, pour le paiement des salaires (1). Pourquoi cette subalternisation immorale de l'ouvrier reconnue par le Code? Parce que, d'après le vieux droit romain dont il s'inspire, l'esclave, le plébéien, le colon, n'étaient qu'un moyen d'exploitation aux mains du patricien (bourgeois), propriétaire de la terre et de tous les capitaux.

(1) On observe que cet article est supprimé. Très bien. Mais, cela implique la constitution de la valeur de main-d'œuvre autrement que par l'arbitraire de l'offre et de la demande; ou alors la question se complique par les coalitions et les grèves, c'est-à-dire la lutte, ce qui n'est pas du tout rassurant pour établir le droit.

Dans l'esclavage, l'homme est la propriété du maître, dans le servage, il reste attaché à la terre ou à la glèbe, dans le salariat, il est subordonné au capital, et dans la communauté, il le serait à l'administration. Dans l'ancienne corporation, l'ouvrier n'apparaît que comme auxiliaire, l'idée d'association n'est qu'à l'état embryonnaire. Seule, la liberté du travail conquise et proclamée en 89, a pu faire naître cette idée, c'est à nous qu'appartient le droit de l'élucider et de la généraliser. Or, la liberté de chacun étant reconnue, on peut dire que partout où il y a entreprise industrielle, où le capital est engagé, et où le travail est appelé, il y a concours de forces, association tacite ou de fait, sinon encore de droit. Or le droit commutatif a pour but de combler cette lacune.

La liberté du travail que la Révolution a eu la première en vue, en détruisant les corporations, n'est encore que la liberté des gros bataillons, dont le capital est la forteresse et les financiers l'état-major.

M. Jules Simon a dit : J'ai voulu montrer que le travail et le capital ont la même origine et les *mêmes droits* « (voilà qui est de la plus haute importance), qu'il suffit de les rapprocher l'un de l'autre et de leur apprendre à se connaître » — « et qu'il faut enseigner au patron la démocratie et aux ouvriers les affaires ». « L'association est très nécessaire à la liberté ». « Par l'association volontaire, le droit est en même temps reconnu et armé, il devient un fait et la société devient juste ». (*Le travail*, pages 1^re et 2^e de la préface).

Puisqu'on reconnaît que le travail et le capital ont la même origine et le même droit, il faut reconnaître aussi qu'ils sont inséparables dans toute œuvre collective comme dans l'œuvre individuelle. Le législateur doit donc intervenir au nom de la liberté même, afin de les unir par l'association de droit, afin d'en finir avec les conflits, que leur antagonisme actuel produit, par la loi économique de l'offre et de la demande des salaires ou du travail.

Or, une loi sur l'association de droit du capital et du travail dans toute œuvre collective, est nécessaire afin de sortir la classe ouvrière de l'infériorité où l'a confinée le Code Napoléon. En intéressant l'ouvrier par l'association explicite et de droit, dans l'entreprise par l'apport de son intelligence et de sa force, vous l'initiez d'une façon théorique et pratique dans la direction de l'œuvre collective, en développant son esprit par les premières notions de l'instruction professionnelle. C'est le contraire de ce qui a lieu aujourd'hui, où l'ouvrier n'est considéré que comme un instrument, entre les mains des Compagnies ou de l'entrepreneur qui l'exploitent, en fixant arbitrairement, ou en marchandant le prix de son travail.

L'association volontaire, dont parle M. Jules Simon, est applicable aux industries individuelles (les artisans), elle peut se réaliser par le concours indépendant qu'ils apportent dans la création d'une œuvre commune. Par exemple, des ouvriers en bâtiment, ayant à leur tête un architecte, pourraient se constituer en association volontaire à personnel variable, pour la construction d'une maison ou l'exécution de travaux quelconques, et à l'aide du crédit au travail, de l'assurance sur les risques de travaux, offrir ainsi à leur exécution toutes les garanties nécessaires.

### De la valeur du travail.

L'association de droit du capital et du travail, l'association volontaire des artisans, l'intérêt des travailleurs auxiliaires, manœuvres, etc., implique au point de vue de la justice et de l'ordre, la nécessité d'établir temporairement dans chaque région, la valeur de la main-d'œuvre ou du travail autrement que par l'arbitraire de l'offre et de la demande, d'après le prix des choses nécessaires à l'entretien de la vie, en formant des congrès régionaux composés des délégués de chaque corporation ou profession, depuis celle des manœuvres, charretiers, architectes, employeurs et entrepreneurs inclusivement, et présidés ou assistés d'un délégué du Conseil général, ou de la législation départementale, établissant contradictoirement entre eux (comme nous l'avons déjà dit) la valeur de leur travail, d'après les frais qui le mettent en mouvement, et la force moyenne des ouvriers, et en présentent les tarifs à l'administration des travaux publics, afin de les reconnaître officiellement pour les appliquer dans les devis. Et en cas de contestation, la loi obligerait l'entrepreneur ou la compagnie à en payer le prix à l'ouvrier auxiliaire, comme aux associés, ainsi que le devis le comporte et que l'entreprise le reçoit de l'adjudicataire, les honoraires de la direction devant être établis (selon la coutume) à tant pour cent, en dehors des devis.

Ainsi, la valeur du travail représentée par un mètre cube de maçonnerie ou de peinture, etc. serait la monnaie légale de l'ouvrier, tout comme la pièce de cent sous qui ne se marchande pas, représente la valeur du travail ou le temps qui a servi à la produire ; il est donc vrai de dire « que les produits s'échangent contre des produits ».

Une objection se présente : Les prix de main-d'œuvre s'établissant dans chaque corporation d'après les frais et risques joints à la spécialité, les salaires à la journée seront-ils égaux entre les ouvriers de cette corporation? Evidemment non : le prix de main-d'œuvre s'établissant d'après la force moyenne des ouvriers, il ne serait pas juste que le plus faible gagnât autant que le plus fort. Mais qui sera juge de cette différence de force? Ce sera l'offre et la demande. Alors, c'est encore l'arbitraire que vous avez combattu qui renaît? Ce n'est pas le cas ici : la valeur de main-d'œuvre étant établie sur la force moyenne des ouvriers, dans chaque profession, l'offre et la demande ne sert plus qu'à distinguer ceux qui s'approchent en plus ou en moins de cette moyenne, afin de payer l'ouvrier selon sa valeur ou son mérite. Il n'y a rien à dire à cela et si les ouvriers sont trop nombreux, ce sera le signe de leur déclassement volontaire et non d'une réduction de salaire. L'offre et la demande ne doivent servir, comme nous l'avons déjà dit, qu'à montrer l'abondance ou la rareté et la différence de qualité des produits. Ceux qui, en théorie, prétendent égaliser les salaires entre des forces inégales, ne se doutent guère des difficultés qu'ils rencontreraient dans l'application et la pratique. Mais le sentimentalisme économique ne doute de rien.

Il est donc urgent que le législateur économiste intervienne contre l'anarchie industrielle par une nouvelle loi sur les associations ou sociétés, qu'il reconnaisse qu'en toute entreprise où l'œuvre est collective, la valeur du travail soit temporairement constituée par les syndicats, et que l'intérêt du capitaliste, dans la commandite, l'anonymat, tout comme le prix du travail, soit discuté et défini d'après les risques de l'entreprise; entre le capitaliste et l'administration que cet intérêt prime, honoraire ou salaire ayant sa raison d'être, serve de rémunération et soit un motif d'émulation pour le capitaliste entrepreneur. Que l'Etat ou l'administration communale, etc., en homologuant les conventions (Code de commerce, article 37), se réserve le droit de contrôle, afin de les faire respecter si elles sont justes; et que dans l'œuvre collective, par l'association, le bénéfice ne soit plus acquis au capitaliste seul, mais partagé et divisé également avec les ouvriers associés; enfin, que de tacite, l'association du capital et du travail soit explicite, et de droit. Ce serait la liberté économique disciplinée et garantie à chacun, la valeur du travail et de l'entreprise capitaliste constituée approximativement. La constitution de la valeur des œuvres de l'homme que l'économie bourgeoise nie, serait, avec l'organisation du crédit public, les articles principaux de la charte future du travail. Et ainsi que l'a écrit M. Jules Simon : « le travail et le capital ayant la même origine et le même droit » la loi écrite doit les reconnaître, en les associant de droit sous peine d'immoralité et de dissolution du lien social.

*Les syndicats* corporatifs régionaux sont seuls compétents et capables de discipliner l'offre et la demande entre ouvriers et patrons, en établissant d'après le droit commutatif la valeur de main-d'œuvre, d'après le prix des denrées alimentaires de la région, et de fixer le temps des séances journalières, en dehors de l'intervention de la législation. Ils seront les véritables assises du travail, et la représentation *directe* de tous les intérêts des travailleurs gouvernés par eux-mêmes. Voilà ce que tous les partis ne sauraient comprendre, malgré la tendance universelle au syndicat. Ils entendent réglementer les salaires et les heures de travail par la législation ou à coups de décrets. A ce point de vue MM. de Mun, Félix Pyat et Paul de Cassagnac ne pourraient bien s'entendre qu'en se donnant la main... sur la figure. Admirable principe que celui de l'autorité qui ne connaît que l'arbitraire et la force pour constituer le droit.

## Statuts d'association collective pour l'exploitation d'une mine.

Des capitalistes avisés supposent des gisements avantageux de minerai dans une région ; ils sollicitent ou obtiennent de l'Etat ou du département la concession de l'exploitation à leurs risques et périls, à condition, d'après la loi nouvelle sur les associations, de se constituer avec les travailleurs en compagnie ouvrière anonyme, dont les statuts et le cahier des charges doivent définir le but, les moyens, les droits respectifs des co-associés et les rapports de la compagnie avec l'administration et l'intérêt public.

1° Il est formé une société ouvrière anonyme sous le titre de compagnie ouvrière de... Elle se compose de trois éléments naturels et indispensables : A, des actionnaires pour l'apport de leurs mises ; B, des ouvriers pour le concours de leur travail ; C, de l'Etat exerçant dans l'intérêt public son droit de suzeraineté et de contrôle.

2° Les actionnaires sont responsables de leurs capitaux et les ouvriers de leurs engagements.

3° Pour couvrir l'actionnaire de l'aléa de l'entreprise, une prime ou un intérêt à tant pour cent lui est acquis en première part sur les bénéfices de l'exploitation.

4° Si les bénéfices sont supérieurs à la prime concédée, ils seront également partagés entre les tiers, c'est-à-dire le travail, le capital et l'Etat, au maximum de 4 pour cent. Au cas où le bénéfice maximum serait dépassé, il y aura lieu de baisser les tarifs au profit du consommateur.

5° La concession est fixée à 35 ans ; le remboursement du capital commencera à la 6° année ; il s'effectuera en trente annuités à 3,33 pour cent. Le remboursement d'une action donne droit au titulaire à une prime de 5 pour cent. A l'expiration de la concession, le matériel entretenu en bon état fera retour au domaine, et l'Etat concédera à la compagnie ouvrière l'exploitation de la mine avec un nouveau cahier de charges.

6° L'Etat se réserve le droit de déchéance et de dissolution de la société, en cas d'infraction au cahier des charges et aux statuts, et le droit de rachat, après dix ans d'exploitation ; en ce cas, les actionnaires auront droit à une indemnité de 5 pour cent.

7° Le conseil d'administration sera nommé annuellement en assemblée générale des actionnaires, d'une part. et des ouvriers de l'autre. Il sera composé mi-partie par les actionnaires et des délégués des ouvriers mineurs et d'un délégué de l'Etat.

### *Répartition du travail et application de la valeur de main-d'œuvre dans la compagnie.*

1° Les tarifs de la valeur de main-d'œuvre, les heures du travail journalier, établis annuellement par les syndicats corporatifs régionaux, seront appliqués dans la compagnie ouvrière par le conseil d'administration. Et afin de conserver la liberté de l'ouvrier et son activité, la compagnie établira le plus possible le travail aux pièces, d'après le prix du tarif de l'heure ou de la journée de l'ouvrier de force moyenne.

2° Au cas de chômage par le ralentissement des affaires, le travail sera également partagé entre les ouvriers.

3° Si la compagnie occupe temporairement des ouvriers auxiliaires, libres de tout engagement, elle pourra les avertir au cas de chômage de se pourvoir ailleurs dans un délai de... Et si la fécondité de la mine s'épuise, ou que le chômage persiste, il y aurait lieu à un déclassement volontaire d'un certain nombre d'ouvriers : il pourrait même s'effectuer sur l'avis du conseil d'administration par tirage au sort dans chaque section et le renvoi ne s'opérerait que dans un délai qui leur permettrait de se caser ailleurs.

En résumé, l'association du capital et du travail est comme une équipondérance de forces égales qui concourent à un seul but : la production. C'est donc la liberté transigeant commutativement, en reconnaissant le droit du travailleur, en coopération avec celui du capitaliste-entrepreneur. C'est surtout la fin du *jus utendi* et *abutendi* (droit d'user et d'abuser) qui régit encore notre prétendue liberté du travail. C'est encore la force collective s'inspirant du droit commutatif en rapport avec l'intérêt public et c'est l'organisation du travail par lui-même en dehors de la réglementation jusqu'alors impuissante de la législation ou de l'arbitraire des compagnies actuelles et du patronnat.

### *Fédération internationale.*

On demande comment associer le travail et le capital dans une œuvre collective aussi gigantesque que le canal de Panama? Cette création étant d'utilité *internationale*, il est regrettable, tout en reconnaissant le génie et la valeur de l'entreprise, il est regrettable, dis-je, qu'une œuvre semblable soit aux mains de la spéculation privée. Si l'antagonisme des intérêts n'existait pas entre les peuples, comme il existe entre particuliers, ce serait l'impôt des nations qui devrait former le capital de premier établissement, par la raison que ces entreprises sont longues à établir comme à produire, et que le capitaliste, comme l'ouvrier, ne peut attendre longtemps la rémunération de ses services.

On observe que les nations étant obérées, et étant surtout en rivalité d'intérêts, ne peuvent rien entreprendre. Mais après la liquidation sociale à laquelle le vieux monde n'échappera pas, ainsi qu'à la révolution universelle des intérêts, les nations cessant alors d'être en rivalité, *désarmeront* et se confédèreront pour établir sur le principe de la justice commutative, l'intérêt international et l'équilibre des possessions coloniales. — Mais l'*Anglais?* Avant trente ans, il sera amené à composition et rendra gorge, — et le reliquat disponible des budgets de la guerre, cent fois plus que suffisant, servirait ainsi à créer ces œuvres gigantesques d'intérêt universel.

Si le canal interocéanique doit coûter un milliard 500 millions et dix ans de travaux pour l'exécuter, en comptant douze nations en Europe qui contribuent aux frais de son exécution, chacune aurait en moyenne à fournir annuellement une quote-part de dix à douze millions (un peu plus que la mobilisation du 17e corps a coûté). Dans une entreprise de ce genre, le syndicat international traiterait avec les compagnies ouvrières pour l'exécution des divers travaux, et pourrait même leur fournir les machines et engins nécessaires, etc.

Avec le système financier actuel, il faut offrir des primes, des lots considérables, et payer pendant l'exécution des travaux un intérêt de 6 pour cent sur une moyenne de 7 à 8 cents millions, ce qui fait annuellement plus de 45 millions de rente à servir, lesquels entament l'actif de la société et l'obligent d'émettre de nouvelles obligations (ce qui n'entraînera pas les souscripteurs). Et à la fin des travaux, la compagnie aura payé en intérêts, primes et lots, plus de 500 millions, ce qui aura grevé de frais usuraires de plus d'un tiers la valeur de l'œuvre capitaliste. La morale de ceci, c'est que les hauts tarifs des transports seront payés comme toujours par le commerce, lequel les fera supporter aux consommateurs.

O esprit financier, quand donc la fédération des intérêts nationaux et internationaux mettra-t-elle un terme à tes onéreuses entreprises?

## *Idée de P.-J. Proudhon pour la vente des produits des petits fabricants.*

Quelques-uns de nos correspondants nous demandent comment on pourrait fonder des compagnies ouvrières pour l'exploitation des productions individuelles, par exemple pour l'article de Paris et l'industrie du meuble. Nous répondons que là où l'œuvre est simple, où le travail n'est pas divisé, et qu'une seule personne peut l'exécuter, il n'est pas besoin d'association. Cependant, les artisans pourraient former une association volontaire en mode commercial pour la vente de leurs produits ; ou bien, pour se soustraire à l'exploitation du mercantilisme patronal (ainsi que l'a dit P.-J. Proudhon dans son projet d'exposition perpétuelle), il serait nécessaire que les édiles des grandes villes, comme Paris, mettent à la disposition des artisans, les palais de l'industrie pour l'exposition et la vente directe de leurs produits, créant ainsi des bourses commerciales au profit des consommateurs, et pour la liberté des producteurs, etc.

# CHAPITRE XXIV



Sans doute, répondent les communistes, l'idée d'associer le capital et le travail, ainsi que la reprise d'une partie des plus-values foncières serait un progrès réalisé dans la répartition de la richesse ; mais, en réservant encore au propriétaire une part dans la rente de la terre que la collectivité produit, et dans l'association une prime au capitaliste, vous alimentez encore le parasitisme qu'il s'agit d'extirper. Tandis que la direction éclairée et désintéressée de l'Etat ferait profiter la nation des rentes que vous concédez, lesquelles sont toujours des privilèges.

Nous répéterons : il n'y a pas de privilège concédé, l'intérêt ou la prime est à seule fin de couvrir le capitaliste des risques de son entreprise, et le bénéfice net partagé entre les tiers, stimulera l'activité du travail et l'économie dans la direction des travaux, tout comme la part de la rente foncière laissée au cultivateur-propriétaire a pour but de

garantir la liberté de son travail, d'entretenir et
d'améliorer sa terre : voilà à quoi sert le principe
d'appropriation.

Mais, on nous dit encore : votre principe de pondérer les capitaux métalliques en les associant au
travail est irréalisable, et la similitude que vous en
faites avec le capital-terre ne se soutient pas, par
la raison que de tous les capitaux l'argent est celui
qui en se dérobant PEUT ATTENDRE ; car il ne manifeste et ne montre sa puissance, que par la liberté la plus absolue. Or, les capitaux métalliques
resteront cachés, ce qui arrêtera spontanément le
mouvement de l'industrie et amènera une réaction
universelle contre vos réformes. On ajoute aussi :
où vous manquez de logique, c'est qu'après avoir
reconnu qu'en dehors de la société, l'individu isolé
reste impuissant et misérable, vous ne reconnaissez
pas à la société le droit d'appropriation des capitaux qu'elle a contribué pour la plus forte part à
produire. Tandis que par l'appropriation générale
et l'exploitation industrielle de l'Etat, la communauté peut seule donner à l'industrie une impulsion
considérable au profit de tous.

Les communistes ont été élevés à l'école autoritaire et dans la servitude capitaliste, ils ont mal
appris le droit naturel, et n'entendent rien à la
liberté du travail, ou plutôt ils ne la comprennent

pas. Aussi veulent-ils supprimer la servitude capitaliste pour la remplacer par celle de l'Etat qui est la pire de toutes. Nous répondons encore à leurs objections, que le crédit étant désormais d'institution sociale, faisant partie des services publics à prix de revient, il déplacera l'axe où se meut le capital individuel, en s'emparant par la gratuité de l'intérêt de tous les prêts hypothécaires, etc., ce qui en peu de temps rendrait disponible une grande quantité de numéraire ; et les détenteurs seraient obligés d'en chercher le placement tout comme le négociant cherche le placement de son capital-marchandise, dans les entreprises de l'anonymat ou de l'industrie, là où il aura à exercer son génie inventif, en s'associant au travail qu'il ne doit plus pouvoir exploiter.

L'administration communiste, en se substituant à l'initiative privée, dans l'industrie et les entreprises de la spéculation, fera-t-elle mieux que les capitalistes ? L'expérience nous a démontré que les travaux des entreprises d'intérêt public exécutées par l'administration, coûtent cent pour cent de plus qu'ils ne valent. Dans les entreprises industrielles de la communauté, qui répondra des gaspillages de l'administration ? N'ayant de compte à rendre qu'à elle-même, c'est-à-dire à personne, l'aléa et la responsabilité de ses entreprises seront supportés par la collectivité, et les frais seront pris dans la poche des citoyens, qui remplaceront les petits actionnaires des compagnies actuelles que la finance exploite, et ils seront à leur tour les « vaches à lait » de l'administration communiste. Par ce régime de concentration industrielle, il ne restera que l'autorité de l'Etat, cet être impersonnel et insaisissable, à qui sera réservé le *droit d'user et d'abuser* de toutes choses. Dans ce merveilleux système, l'ouvrier embrigadé, numéroté, se trouvera éternellement soumis à la médiocratie administrative.

On pense que cette contradiction serait atténuée par le suffrage universel, lequel dans l'industrie, comme pour tous les services, en choisissant les plus capables et les meilleurs, saurait bien y mettre bon ordre. Nous avons la certitude que c'est le contraire qui aurait lieu, et que l'intervention de la politique dans la direction de l'industrie, serait le comble de l'anarchie et de la corruption. On nous dit que nous faisons du communisme de la pire espèce. Hé bien, comme nous l'avons montré plus bas, nous savons ce que sera l'administration communiste sous la tutelle des plus intelligents et des meilleurs (aristos).

Mais ce n'est pas là le dernier mot de l'idée communiste, ce n'est encore que la contrefaçon de la centralisation administrative et de la concentration politique actuelle des gouvernements bourgeois appliquée à l'économie sociale. L'esprit communiste étant complètement basé sur la justice distributive, après avoir absorbé toute liberté, toute initiative personnelle, va nous dire son dernier mot.

« Notre première loi, dit Mably, s'inspirant de
« Thomas Morus, serait de ne rien posséder en
« propre, nous porterions dans des magasins pu-
« blics le fruit de nos travaux, ce serait le trésor
« de l'Etat, et le patrimoine de chaque citoyen.
« Tous les ans, les pères de famille éliraient des
« économes chargés de distribuer les choses né-
« cessaires aux besoins de chaque particulier, et
« de lui assigner la tâche qu'en exigerait la com-
« munauté. » Mably reconnaît avec nous tout ce que la propriété inspire d'ardeur pour le travail ; mais ainsi que Karl Marx, ne sachant pas en prévenir les abus, il en détruit le principe. Il dit encore : « sous l'administration communiste, l'ouvrier
« retrouvera l'activité du propriétaire par le fait
« qu'en travaillant pour la communauté, il tra-
« vaillera pour l'amour de la gloire et la considé-
« ration publique » (1).

(1) Sans doute, il y a des œuvres qui ne se soldent pas : telles sont les œuvres de l'esprit. Le philosophe, le chercheur, l'idéaliste, sait d'avance qu'il ne trouvera à l'escompte du service

Voilà pourtant l'erreur où sont tombés les hommes les plus généreux (en regard des misères de leur temps, le 18ᵉ siècle), ces vrais amis de l'humanité, et cela par l'absence des notions d'anthropologie, cette science de la nature de l'homme et de ses rapports dans la société.

Mais voici autre chose. Mably admet encore dans la communauté, la famille, ce foyer d'indépendance : c'était naïf de liberté. Aujourd'hui, les néophytes, sous l'influence pornocratico-érotique du romantisme moderne, étant tombés en quenouille, nient le mariage et la famille (ce centre de justice et de liberté); ils proclament, non pas l'unité d'esprit des conjoints, mais l'égalité des sexes, et l'amour libre, chargent l'Etat du rôle de père nourricier de tous les enfants. La voltige amoureuse remplacera la constance et la fidélité conjugale, lesquelles par l'unité de l'âme et les liens de l'amitié devaient transformer l'amour or-

qu'il veut rendre à la société, que la persécution ou le dédain pour prix de ses sacrifices. Mais le dévouement à l'idée est l'exception. Travailler pour la considération publique et l'amour de la gloire, c'est une forme de l'égoïsme aristocratique. C'est avec le travail matériel qu'il nous faut compter et c'est le cas le plus ordinaire : ainsi le veut la liberté. La liberté, voilà la roche tarpéïenne où le despotisme égalitaire, comme le despotisme propriétaire, viennent alternativement se briser depuis six mille ans. « On peut bien se dévouer jusqu'à la mort, mais travailler pour rien, jamais. »

ganique ou érotique, en amour paternel et en dévouement pour les enfants. La responsabilité de l'acte le plus important de la vie, la paternité, n'existant pas, la conscience s'éteignant avec le sentiment de la famille, mâles et femelles seront tombés au-dessous des bêtes qui aiment leurs petits ; la population, sous l'influence érotique et la prostitution, s'éteindra, et la France ne sera plus qu'une succursale de la Salpétrière ou de Charenton.

En résumé, ces néo-communistes sont logiques ; ils sont les imitateurs des classes dirigeantes, ils veulent généraliser et légaliser l'amour libre que ces dernières pratiquent clandestinement depuis longtemps. Les bons ou les mauvais exemples servent toujours à quelque chose.

Le simplisme communisme n'est pas accessible à la raison, ne correspondant pas aux facultés générales de l'entendement, il ne peut se définir. Il repose d'une part sur le sentiment du dévouement du plus fort envers le plus faible, ce qui ne s'impose pas, et sur la force ou l'autorité contre laquelle l'humanité a toujours protesté et lutté. Voilà ce qui ne permet pas à ses adeptes, comme aux idéologues, de reconnaître les évolutions constantes et les progrès réalisés par la liberté, contre l'antique tyrannie de l'autorité. A chaque station du calvaire que l'humanité franchit, ils opposent les boutades lancées à travers les âges contre la propriété et la maudite soif de l'or. Puis, rêvant le bien-être du prolétariat, ils le convient à s'emparer par la force des richesses accumulées par le travail et à les consommer en proclamant le « Droit à la paresse », réduisant en conséquence la journée de 10, 8, 6 à 4 heures. Et afin de soustraire l'ouvrier au mal qu'ils nomment la « travaillomanie », ils s'écrient « moins l'ouvrier travaillera, plus le machinisme se perfectionnera et suffira de plus en plus aux nécessités du bien-être et du luxe dans l'humanité entière. »

Dans une société normale, la libre production pourrait augmenter, en laissant aux travailleurs le repos et le temps nécessaires pour se distraire et pour s'instruire. Mais aussi, plus le machinisme se développera, plus le travail devra l'alimenter.

La France laborieuse et libre repousse le *far-niente*, qui ne la moraliserait pas et qui la conduirait à la misère et à la dépravation. Elle est mûre pour les réformes pratiques. Et ce qui en témoigne, c'est que l'idée de la participation des bénéfices dont on a tant parlé, n'est que le sentiment précurseur de l'association du capital et du travail. L'opinion n'a-t-elle pas aussi le sentiment vague de la reprise des plus-values, quand on demande la révision du cadastre afin d'établir la péréquation de l'impôt foncier. Ne rêve-t-on pas encore d'établir l'impôt progressif pour rétablir l'équilibre des fortunes, etc.

Si dans la presse, les réunions publiques, une polémique sérieuse, contradictoire, bienveillante, s'établissait sur les réformes à opérer, on fixerait vite l'opinion, laquelle ferait trembler les potentats ; tandis que les violences anarchiques ne peuvent surexciter que quelques malheureux illusionnés, et dans la confusion des idées, qu'ils préparent, l'égoïsme conservateur organise une résistance armée pour servir de compression à l'intérieur et de défense à l'extérieur. Voilà ce dont les nations nous offrent le triste spectacle ; et cette résistance sera une réaction toute puissante pour étouffer dans la rue les justes revendications des travailleurs, qui y trouveront encore une semaine sanglante avec les chaînes qui les attacheront définitivement au joug.

Peut-être que M. P. Lafargue, le spirituel auteur du *Droit à la paresse,* pourrait nous dire en riant de nos terreurs : « L'homme primitif est né paresseux, etc. Les plus forts, guerriers, nobles ou brigands, ont assujetti les plus faibles afin de vivre en *paressant.* A son tour le tiers-Etat, dominé par le sentiment du bien-être, éprouva le besoin de *paresser,* et en 89 il s'éleva par la force contre la noblesse pour vivre en *paressant.* A quoi a servi à l'ouvrier cette fameuse devise : vivre en travaillant, sinon à l'exténuer et à l'abrutir. Mais l'évolution des classes n'est pas finie, les travailleurs mieux inspirés, à l'imitation de leurs congénères bourgeois, se préparent à leur tour et par la force à s'élever à leur niveau, afin de participer aux richesses accumulées, pour vivre en *paressant.* »

« Disciple de Proudhon, vous ne possédez pas son érudition ni sa puissante logique, et encore moins son style pénétrant. Ses œuvres ne servent encore qu'à alimenter la curiosité de quelques érudits, qui ne descendront jamais sur la place publique pour porter le peuple à réaliser ses idées, ou du moins pour l'en instruire ; d'ailleurs, il ne comprendrait rien à ces abstractions. »

La communauté que vous combattez est le talisman qui charmera la masse des déshérités. Notre principe n'explique rien, et il dit tout. S'adressant au sentiment et au cœur plutôt qu'à l'esprit, il remue les passions et entraînera le peuple à la Révolution bien mieux que vos définitions. Alors, comme dit l'Allemand, le moment psychologique sera venu, car où la foule va, le savant suit pour l'éclairer ; et la comptabilité sociale dont vous essayez vainement aujourd'hui de donner la formule, pourra s'établir et être mise en pratique, puisque nous *aurons* le même idéal, celui de vivre et de jouir en travaillant tous, mais aussi en *paressant*.

# CHAPITRE XXV


## LA FRANCE JUIVE.

Dans un livre intéressant, *La France juive,* M. E. Drumont paraît faire reposer la critique de la féodalité financière, spécialement sur le juif de nation, sans soulever sérieusement la question pratique des réformes économiques à opérer.

Nous lui demandons pourquoi il s'acharne contre les Juifs, et ne cesse de leur reprocher ce que nous pratiquons tous ; et pourquoi faire de cette race le bouc émissaire des péchés de l'arien, et nous porter ainsi à l'exclusion et même à l'extermination d'êtres intelligents, et empêcher la fusion des races, qui est un progrès. Pourquoi cette intolérance anti-sémitique contre des citoyens, qui sont sans doute naturalisés dans tous les pays qu'ils habitent. Ce qu'il faut faire, c'est de nous acharner à détruire les abus et de laisser le Juif vivre en paix avec nous.

Nous observerons que la critique de l'agiotage et de la spéculation a été faite il y a quelques vingt ans par un ancien collaborateur de P.-J. Proudhon, Georges Duchêne, dont nous avons cité plus bas quelques extraits.

Les faits de corruption que M. E. Drumont signale aujourd'hui de personnages politiques en vue (Juifs ou Français) datent de loin. La corruption apparaît sous la monarchie de Juillet, grandit avec l'Empire, et se développe parallèlement au mouvement industriel. Elle tient aux contradictions des forces économiques, bien plus qu'à la malignité des personnes.

## Les gogos actionnaires.

La belle maxime de morale de l'économie bourgeoise « chacun pour soi, enrichissez-vous », a aussi porté ses fruits sous la République. Ses principes ont eu en tout temps l'effet de développer l'esprit de spéculation malsaine, de faire naître dans les concessions d'entreprise d'intérêt public, l'idée du pot-de-vin et du boni.

D'autre part, des spéculations indépendantes dans l'anonymat (en dehors du contrôle de l'autorité), des entreprises téméraires lancées à force de réclames par des financiers écumeurs d'affaires, n'ayant souci que de majorer des titres, percevoir des primes à l'aide de dividendes fictifs; la perspective de tripler ou de quadrupler la valeur des actions, même les valeurs à lots : voilà l'amorce de la spéculation. Le gogo est né avec l'actionnaire. *Mais rien ne se perd.* Les krachs successifs ne sont que l'écho de l'effondrement de la bourse des uns dans la poche des autres. Quel branle-bas dans le monde de la finance; ne dirait-on pas une société de bandits et d'imbéciles! La Juiverie est partout où on agiote; si le mot n'existait pas, il faudrait l'inventer.

« Si le Juif n'existait pas, dit M. E. Drumont, nous serions parfaitement heureux ». Mais l'esprit usuraire et agioteur qu'on reproche au Juif nous est également commun. Il faut remarquer que dans l'évolution économique, l'initiative individuelle précède toujours l'initiative collective; de là se forme le privilège et l'abus. Or, le prêt usuraire devait nécessairement devancer le prêt gratuit que la société doit organiser sous peine de dissolution. De même, le domaine terrien devait précéder la division de la propriété et l'émancipation du serf et du fermier, tout comme dans l'ordre politique, l'autorité pure devait précéder la liberté, etc.

Les Juifs paraissent avoir eu les premiers le monopole de l'argent, tout comme les Romains celui de la terre; ce qui n'empêchait pas le vertueux

Brutus de prêter son argent aux Cypriotes à 40 pour cent. Le Juif a assujetti l'homme à la rente, et le Romain l'a rendu esclave pour travailler la terre. Quand les Francs conquirent la Gaule, chaque soldat eut sa part de terre en franchise (franc-aleu), mais le prêt usuraire absorba l'aleu, et le paysan devenu serf fut attaché à la glèbe.

Dans la Judée, le Sémite n'est usurier que contre l'étranger, et il est mercantile à Carthage. Le Romain a dispersé le Juif et anéanti Carthage ; et la foi punique, notée d'infamie dans l'antiquité (que Rome a cru détruire), a pris racine dans le cœur de l'Européen. L'Angleterre, cette nouvelle Carthage, et l'Europe à l'envi, exploitent les pays sémitiques.

### Le socialisme catholique.

Nous avons dit dans notre première partie que la dépossession du patronnat et du capitaliste par la violence était injuste et impossible : et se fît-elle du jour au lendemain, que la question sociale ne serait pas encore résolue. Si la confiscation des biens et des capitaux des Juifs sémites s'opérait au profit de l'Etat, comme le demandent les socialistes catholiques dont M. E. Drumont paraît être le porte-drapeau, et si l'expropriation amiable que ce dernier propose d'une partie du patronnat industriel français se réalisait par simple *décret* du monarque, avec indemnité suffisante, « les ouvriers, dit-il, dont les contre-maîtres ne manquent pas de capacité, pourraient exploiter collectivement l'industrie ainsi qu'ils en manifestent justement le désir. » Nous lui observerons qu'il arriverait toujours que les compagnies ouvrières n'ayant aucun rapport commutatif entre elles et le consommateur, travailleront comme les patrons actuels, en mode d'une spéculation anarchique, sans garantie du placement de leurs produits, se faisant la guerre par la concurrence pour obtenir le monopole de la fabrication, et s'enrichiraient ou se ruineraient, selon que le hasard serait ou non favorable. Le crédit public n'étant pas organisé, nous verrions encore l'Etat, en commanditant les compagnies ouvrières avec le produit de cette immense razzia, attirer à lui, au moyen de la rente, le bénéfice net ; ce qui pourrait entamer le produit brut et amener la ruine de l'industrie. Ce serait toujours comme aujourd'hui, le drainage des capitaux par la rente au profit de l'intermédiaire, et l'intermédiaire, ce serait l'Etat qui aurait pris la place du Juif. Voilà le résultat du socialisme d'Etat proposé par le parti catholique.

# CHAPITRE XXVI.

## LE TRAVAIL ET LES ÉLÉMENTS CONSTITUTIFS DU PARTI OUVRIER.

Nous ne sommes le représentant d'aucun parti socialiste, et nous n'avons pas non plus mission de parler au nom du parti ouvrier. Or, dans notre indépendance de socialiste, nous avons la certitude qu'avec la liberté politique que nous possédons, l'émancipation du salariat, ou du travailleur collectif, et la liberté du travail, avec toutes les garanties économiques que cette dernière comporte, n'est qu'une question de temps, parce que l'iniquité économique qui atteint et absorbe le salarié de la division du travail collectif a développé intuitivement en lui le sentiment de la justice commutative, qui est le seul qui puisse éclairer et pénétrer la conscience de l'ouvrier.

J'appartiens à la classe ouvrière, dans laquelle la spécialité du métier ne dispose guère aux recherches de la science sociale; car après l'école primaire, on ne fréquente que l'atelier. Quant à moi, je dirai même que si **P.-J.** Proudhon n'eût pas écrit sur ces matières et tracé les grandes lignes de l'économie sociale, je n'aurais jamais pu m'en occuper. Mais l'atelier est aussi une école où l'ouvrier peut commencer lui-même son instruction économique, parce que pour travailler, il faut penser, et que penser c'est combiner, diviser, simplifier, afin de ramener divers éléments à l'unité de produit, afin de l'échanger. Travailler, c'est donc chercher, et chercher, c'est philosopher.

Rien ne nous donne mieux l'idée du juste que le travail, et l'économiste qui n'a pas passé par la filière de l'atelier, perd trop souvent dans ses *déductions,* le sentiment de la justice commutative (qui doit présider dans tous les rapports du travail et de l'échange), pour ne reconnaître que la fatalité des lois économiques, et le principe de la justice distributive qui est plus simple et nous exempte même de penser, tandis que l'ouvrier a plutôt le sentiment de la première, parce que, comme travailleur, il est dans la création du produit tout à la fois auteur et acteur. Auteur, parce que comme praticien, il éclaire souvent de ses conseils le génie directeur ou inventeur.

Il n'est donc pas indispensable d'être ingénieur ou bachelier, pour reconnaître qu'il est inique d'exploiter à son profit la force collective des ouvriers, et de les assujettir aux forces coalisées du machinisme, de la spéculation et de la finance. Il ne faut pas non plus être bien éloquent pour dire qu'il n'est pas juste que les *plus-values* naturelles données gratuitement par la nature et sans travail soient payées par le peuple au profit de l'oisif (ch. 11), et encore pour reconnaître qu'avant tout, il est nécessaire de déterminer temporairement le prix de la main-d'œuvre, dont l'*omission* est la cause des grèves : ce qui fait dégénérer la liberté du travail en coalitions et en guerre sociale.

## 1° *Les artisans.*

Afin de reconnaître les éléments qui doivent composer le parti ouvrier, nous divisons la classe des travailleurs en trois fractions principales et distinctes : 1° La première classe est celle des nombreux artisans, petits négociants, tous indépendants, travaillant à leur compte, et où la capacité se développe successivement, dans une série de conditions professionnelles, telles qu'apprenti, ouvrier et maître.— On interrompt et on demande à quelle catégorie du travail appartient l'ingénieur ? Il appartient à celle des mineurs, s'il dirige la mine, ou à l'équipe des chemins de fer, s'il dirige les travaux de la voie ; tout comme le général appartient à l'armée. Supprimez le simple soldat, et la tactique du général devient inutile.— L'artisan étant responsable de ses entreprises, est ingénieux, industrieux, actif, artiste (1). De plus, son esprit est exempt de spéculations malsaines par le fait de la limitation du prix de son travail qu'il a établi en déposant volontairement la série de ses tarifs. Et, chose digne de remarque, il a, de ce fait, démontré contre les routiniers de l'économie politique, et par la pratique, la possibilité de constituer la valeur du travail, et par conséquent, dans l'avenir, celle de tous les produits et de tous les services. C'est là le point le plus important de la science économique.

Les artisans sont donc la pierre d'attente de la Révolution : ils forment entre la classe bourgeoise capitaliste et le salariat, comme un nouveau tiers-Etat, lequel, par l'exemple pratique qu'il nous donne de la constitution de la valeur de ses œuvres, assimilera les spécialités de la production, attirera à lui les différentes fractions de la classe ouvrière, et en constituera l'unité. Cette unité sera la roche tarpéïenne contre laquelle viendront se briser le despotisme politique, l'agiotage économique, l'utopie communiste et le socialisme d'Etat.

(1) Consultez la statistique, et vous verrez que pour les inventions de première utilité, le plus grand nombre des brevets est pris par les artisans.

## 2° *L'ouvrier parcellaire.*

La seconde catégorie est celle des ouvriers ou employés, qui contribuent comme simple *unité* par la division du travail à l'œuvre du produit collectif, soit dans les manufactures, mines, usines, chemins de fer, etc. Là, l'ouvrier ou l'employé est assujetti par la division du travail, et n'a pas comme l'artisan la liberté d'initiative, ni le pouvoir de faire seul une œuvre complète. Responsable seulement de sa tâche parcellaire, il ne fait pas œuvre synthétique. Et on a pu dire que « si l'art fait des progrès, l'artisan rétrograde. » Ce n'est pas avancer que de ne faire toute sa vie que la dix-septième partie d'une épingle, de rester graisseur de machines ou gratte-papier dans un bureau.

### *Le travail sous le régime administratif des Compagnies financières et dans l'association des Compagnies ouvrières.*

Dans une œuvre collective, dans les chantiers, ateliers, etc., le travail aux pièces ne se pratique que par exception ; il s'opère à l'heure, à la journée ou au mois, sous la direction de surveillants, contre-maîtres, chefs de chantiers, etc. Dans les administrations de chemins de fer, par exemple, l'ouvrier par la subordination nécessaire et la division du travail est moins responsable de l'œuvre en général que l'artisan ou le travailleur indépendant qui fait œuvre synthétique. Mais nous avons vu au ch. 23 que dans l'association collective cet inconvénient de non-responsabilité peut s'atténuer et par ce moyen on peut réaliser les avantages du travail indépendant, d'abord parce que dans l'association du travail et du capital, la subordination hiérarchique perd de son acuité ou de son esprit tracassier en développant dans chacun le sentiment de solidarité et de responsabilité collective qui naît spontanément du concours éclairé et intéressé des divers emplois dans un but unique : le service ou le produit.

Nous avons vu au chapitre 22, par l'exemple que nous donnons de l'exploitation des chemins de fer à prix de revient, par des compagnies ouvrières, que le bénéfice net qu'elles peuvent réaliser en vue de les couvrir de leur responsabilité, offrirait au public une sécurité bien plus considérable contre les accidents que celle que nous offrent actuellement les compagnies financières qui font supporter la responsabilité pécuniaire aux actionnaires. Dans les compagnies ouvrières, l'association, en intéressant le salarié, aura pour effet certain de créer la responsabilité collective et personnelle des employés ou travailleurs, d'éviter le gaspillage des matières premières et le coulage, et d'établir tacitement une surveillance spontanée comme en collaboration de sentiment et d'intérêt avec la direction, de former les caractères à l'ordre et à la discipline, de cimenter le lien moral si nécessaire dans la hiérarchie des emplois. Ce serait le terme d'une administration hautaine, insuffisante et sans entrailles, laquelle surmène de travail les employés subalternes, paralyse ainsi leur vigilance et leur activité, cause ordinaire des accidents.

### 3° *L'ouvrier auxiliaire.*

Il y a encore l'ouvrier auxiliaire, travaillant aux champs et à la ville. Cette intéressante corporation est assujettie à des chômages que les plus industrieux atténuent en faisant plus d'un petit métier. Alternativement manœuvres, jardiniers, bûcherons, moissonneurs, carrayeurs, casseurs de pierre, tissant la toile en hiver, ou fabriquant des sabots, etc. Mettant ainsi à profit le mauvais temps pour travailler à couvert, ils ressemblent ainsi à leurs ménagères, qui sont tout à la fois pour l'entretien de l'intérieur, cuisinières et couturières, blanchisseuses, lingères, ravaudeuses, etc. Propres, artistes, actives, elles sont pour ainsi parler l'ornement du foyer domestique, et par la prodigalité de leurs soins, elles attachent à la maison le chef de la famille, elles préparent l'esprit des enfants à l'économie du ménage. Cette *indispensable* compagne de l'homme est encore auxiliaire dans son travail, soit dans le commerce et dans tous les travaux les plus délicats.

Il serait urgent que l'école primaire fût aussi pour les fillettes une école de ménage professionnelle *ou théorique,* et que pour les garçons, on leur enseignât seulement la théorie de plusieurs métiers, afin de développer en eux l'idée du travail et de s'appliquer à une spécialité, ce qui déciderait de leur vocation.

Par l'association du capital et du travail, dont nous montrons plus haut la nécessité et l'application, l'usine, la mine, la manufacture aux mains de compagnies ouvrières capitalistes doit être l'école primaire professionnelle du travailleur parcellaire, et l'enseignement technique pourrait être acquis à ceux qui en auraient la capacité et la volonté : 1° à l'aide de bibliothèques spéciales, de cours temporaires donnés gratuitement par des professeurs ambulants, ainsi qu'il se pratique déjà pour l'agriculture et l'horticulture ; 2° par des bourses fondées par la compagnie, et acquises aux lauréats les plus méritants. Ce serait la pratique de la justice commutative appliquée à l'instruction professionnelle des ouvriers de la division du travail, en opposition à la justice distributive qui les confine dans la médiocrité intellectuelle. Sans doute que jamais pareille idée ne germera dans la tête d'un polytechnicien. Cependant, par ce moyen, on ferait avec les ouvriers des contre-maîtres joignant la pratique et la théorie, et tout aussi capables que ceux qui sortent tout frais émoulus de l'école des Arts-et-Métiers.

## L'ouvrier agricole.

La troisième catégorie est celle du travailleur des champs. L'émigration des campagnes vers les villes témoigne de la décadence de l'ouvrier agricole, que le machinisme remplace. Ne pouvant avoir accès à la propriété, et difficilement au fermage, où souvent il se ruine, il cherche dans l'industrie, dans les administrations, ou dans la domesticité bourgeoise, l'avenir et la sécurité qu'il ne trouve pas à la campagne.

Pour fonder une colonie et la rendre prospère, il faut donner la terre au colon, et l'aider par le

crédit gratuit à se procurer les instruments nécessaires à la culture (1). Pour amoindrir ou ruiner
un pays, il faut tolérer le droit d'accaparer la
terre et les instruments de travail, afin de constituer les grands domaines, dont on tire profit sans
les faire valoir, prêter au colon ou au fermier avec
usure et sur hypothèque. Le droit domanial ainsi
entendu, est le premier des droits seigneuriaux
que la Révolution de 1789 n'a su détruire ; il réserve au maître du sol, *dominus*, la jouissance des

(1) Après la conquête d'Alger, le gouvernement de juillet
ne sut ou n'eut garde de constituer le crédit colonial, afin de
faciliter le développement de la colonisation. Aussi les usuriers se sont abattus sur la terre d'Afrique, comme les saute-
relles sur les moissons, en prêtant à nos colons leur argent à
15 ou 20 0/0. La plupart se sont ruinés, ou sont rentrés en
France. Et les meilleurs terrains ont été concédés à des financiers qui les exploitent à leur profit, faisant travailler le personnel de la colonie, qui est composé pour la plupart de Mal-
tais, d'Espagnols et d'Italiens.

Il ne fallait faire appel aux capitaux individuels, seulement
pour construire les barrages, canaliser, irriguer, etc., afin
d'améliorer le sol et de protéger les cultures, afin d'assurer
la prospérité de la colonie et garantir au capital engagé un
maximum d'intérêts joint au remboursement, par annuités,
ainsi que le pratique le Crédit foncier pour les communes, etc.

Le Crédit foncier, comme l'a si bien dit M. Jules Simon, est
encore une institution incomprise de l'opinion (et surtout
des politiciens). Et vous vous scandalisez, bons bourgeois,
qu'il y ait quelques socialistes qui donnent la tarentule à
votre égoïsme et à votre incurie ?

*plus-values* naturelles, et ne laisse souvent au fermier qu'un labeur sans résultat, ou les larmes pour pleurer. La suppression du fermage, ou la vente de la terre substituée au loyer, le crédit agricole gratuit, les assurances générales et mutuelles pour tous les risques, les taxes foncières de compensation, seraient, comme nous l'avons démontré, un puissant moyen de relever la petite culture, et d'aider par l'amélioration du sol à l'augmentation de la production des céréales, ce qui nous permettrait de ne plus rien demander de ce côté à l'importation, mais surtout la facilité d'acquérir la propriété serait une cause d'attraction, qui unirait avec amour le paysan à la terre.

## *Le parti ouvrier militant.*

Il est regrettable que le parti ouvrier militant, qui a si bien le sentiment de l'anarchie économique actuelle, ignore les principes les plus élémentaires de la science sociale, et qu'il prenne pour des moyens de réformes qu'il ne définit pas, la violence, la terreur, et les principes sommaires de l'autorité, ce qui n'a rien de commun avec l'idée du droit commutatif et la constitution de la valeur de main-d'œuvre par les syndicats corporatifs qui seraient, comme nous l'avons dit page 221, les assises du travail et le point de départ de la Révolution sociale. Aussi est-il partout divisé et impuissant, et n'a nul accès sur l'opinion qui le regarde passer comme une mascarade. Il ne paraît pas même se douter que les armes politiques qu'il fourbit contre ses adversaires tourneront bientôt contre lui.

# CHAPITRE XXVII



Nous rapportons ici la dernière partie d'un chapitre de notre brochure intitulée : *Transformation du gouvernement républicain par le principe fédératif,* afin de démontrer que la solution du problème social n'est en réalité qu'une question de comptabilité et d'observations, dont il est nécessaire de pénétrer l'opinion, sous peine d'être éternellement mystifié par les entrepreneurs de réformes politiques, Tribuns ou Césars d'occasion, plus ignorants encore qu'ambitieux, mais dont le but est de s'emparer de la dictature ou du pouvoir, non pour sauver le peuple de la misère, mais seulement de sauver la caisse à leur profit.

## *Frais généraux de la Société*

D'après les économistes, la production annuelle de la France est à peu près de 14 milliards, pour 35 à 36 millions d'habitants, ce qui donne, dans la répartition générale, 400 fr. par année et par tête, ou 1,600 fr. pour un ménage composé de quatre personnes.

Mais cette richesse est grevée de frais et de faux frais par les bénéfices de l'agiotage, de l'usure, les privilèges exorbitants des monopoles et la masse de l'impôt. Je crois être, comme nous le montrons plus bas, au-dessous de la vérité, en élevant à 7 milliards 300 millions le prélèvement des frais de toute sorte qui s'opère avant part, sur la totalité de la production.

Il ne reste donc plus dans la répartition, pour ceux qui n'ont ni rentes usuraires, ni agiotage à exercer, ni privilège de monopole, ni subventions à recevoir, et qui paient l'impôt sur leurs consommations, il ne reste, dis-je, au lieu de 400 fr., à peine que 200 fr. par tête, ou 800 fr. par famille de quatre personnes.

C'est donc à l'aide d'une comptabilité exacte que nous pouvons seulement voir clair à nos affaires, afin d'opérer la réduction des frais généraux qui grèvent la richesse sociale.

D'après la statistique budgétaire des différents Etats de l'Europe, il est démontré que les frais généraux des gouvernements progressent non en raison de l'étendue de la nation, mais « en raison directe et géométrique de la centralisation. »

En Suisse, la moyenne de la contribution par

tête est de 15 fr. 97 dans chaque canton, *plus* la contribution fédérale qui revient aussi à 6 fr. 89, ce qui fait un total de 22 fr. 86. Tandis qu'en France, pour une population de 35 millions, avec un budget de 3 milliards 500 millions, elle est de 100 fr. par tête. Et cela sans compter le budget des villes et des communes.

En décentralisant les services publics comme en Suisse, et d'après la population de la France, notre budget des quatre-vingt-neuf départements (y compris celui des villes et des communes) serait de 603 millions 640 mille francs, et le budget national ou fédéral, celui qui servirait à constituer l'unité des départements, s'élèverait à 220 millions ; ce qui ferait ensemble un budget de 824 millions (à peu près comme sous Louis-Philippe). Différence avec le budget actuel, 2 milliards 324 millions. Ici il n'est pas besoin de commentaires.

Vous oubliez, nous dit-on, que la France n'est pas la Suisse, et que nous avons à servir l'intérêt de la dette perpétuelle qui est d'un milliard, l'amortissable, la dette flottante, le budget de la guerre, etc., et ces services sont irréductibles aujourd'hui. Oui, sans doute, mais il faut en reporter la cause aux fautes accumulées *de tous les gouvernements* centralisés et autoritaires, toujours surpris de dépenses imprévues, et qui présentent incessamment au Corps législatif la carte à payer de leurs folles entreprises, causent des déficits, lesquels finissent par se couvrir par des emprunts successifs. Tout le monde reconnaît que la situation est difficile, et qu'une crise imprévue et persistante pourrait bien amener une débâcle ; car le budget de l'Etat, des villes et des communes est au moins de 4 milliards et demi. Il n'est pas rare de voir les autoritaires, quand ils sont dans l'embarras et qu'ils ne peuvent plus payer, convertir la dette. Et dans les cas difficiles, pour aller plus vite, ils pourraient bien déchirer le grand livre, ainsi que le conseillait M. Achille Fould à Napoléon en 1852 ; c'est-à-dire faire banqueroute.

La centralisation autoritaire peut seule faire de ces tours de force. Ne vaudrait-il pas mieux, pour nous tirer d'embarras, opérer, comme nous l'indiquons au ch. 29, la liquidation de nos dettes, et non faire banqueroute. Et pour diminuer nos impôts, d'entrer largement dans la voie de la décentralisation.

### *Catégories des frais de la production nationale.*

Après avoir comparé les frais d'administration de la centralisation française et de la fédération suisse, nous allons dresser le tableau, par catégories, des frais et faux frais dont est grevée notre production nationale, avec l'indication des moyens d'en opérer la réduction.

### Première catégorie.

Frais d'administration et d'ordre public; dette nationale, ensemble 3 milliards 200 millions. Réduite à 824 millions, 1° par le remboursement de nos dettes; 2° et par la décentralisation administrative.

### Deuxième catégorie.

Frais de l'exploitation spéculative et agioteuse des services publics, livrés en monopoles *onéreux*, aux écumeurs d'affaires : 500 millions disparaissant par la révision des contrats léonins, le rachat, et par les concessions d'exploitation de ces monopoles à prix de revient.

### Troisième catégorie.

Frais qui forment les gros revenus de l'agiotage dans le commerce et l'industrie, et des monopoles de fait : Un milliard. Disparaissant 1° par la mutualité, ou la fédération libre des producteurs-consommateurs ; 2° par la mercuriale ou publicité du prix de revient des produits ; 3° par la transformation, opérée par le législateur, des monopoles de fait en monopoles de droit, à prix de revient.

### *Quatrième catégorie.*

Frais d'escompte, intérêt de l'argent, prélevés sur l'échange des produits, par le roulement des capitaux : Un milliard. Réduit à 100 millions, 1° par l'escompte des valeurs commerciales à prix de revient ; 2° par le crédit mutuel, c'est-à-dire gratuit, ou à prix de revient.

### *Cinquième catégorie.*

Frais de la rente foncière que les propriétaires de terres à grand rendement reçoivent, et que nous payons tous sur notre pain quotidien, « comme un droit de douane » afin de protéger les mauvaises terres qui n'ont pas de revenus, et de les rémunérer par le prix élevé des céréales : Un milliard 800 millions. Réduit à 600 millions à l'aide de l'impôt foncier. Cette reprise servirait : 1° à indemniser à titre de compensation, les terres qui n'ont pas de rente, et celles qui ne font pas leurs frais. Et les 600 millions restant de cette rente seraient acquis au propriétaire-cultivateur, comme droit à la plus-value, afin d'entretenir son activité, de conserver sa liberté de producteur, pour l'entretien et l'amélioration de sa terre ; ce qui n'a pas lieu dans le fermage, ou si la propriété foncière devenait communale ou collective.

Si, comme nous en avons la certitude, cette méthode toute de comptabilité est le seul moyen de faire avec raison de la politique et de l'économie sociale, elle aurait pour résultat de tarir la source des revenus parasites ou illégitimes ; de nous exempter de faire l'essai impraticable de l'impôt sur les revenus et le capital, etc.; d'abandonner tous les partis politiques autoritaires ; de créer la science sociale et de nous sortir de l'imbroglio où nous sommes ; ce qui permettrait au sens commun toujours si pratique de voir clair à ses affaires ; et, à l'aide de la liberté, de réaliser les justes réformes qui intéressent tous les partis.

## *Récapitulation.*

Le résultat de cette méthode, toute de comptabilité, ne se ferait pas attendre, et en peu de temps les frais de l'administration et ceux de la production pourraient diminuer progressivement, et selon le tempérament qu'on y apporterait, soit de 20,

30, 40 à 70 0/0, et de 7 milliards 300 millions qu'ils sont aujourd'hui, descendre proportionnellement à 2 milliards 290 millions, ce qui représenterait au maximum pour chaque ménage un avantage de 783 fr., et au minimum, un de 396 fr. 50. Cela veut dire que nous aurions les transports à bas prix comme en Belgique, la houille, le gaz, les toiles, le pain, et tous les produits à bon marché. Toute la question est là. L'avenir ne me démentira pas.

Cinq cents francs en moyenne de richesse de plus par ménage : voilà un actif qui permettrait d'augmenter de près de moitié la consommation nationale, éviterait les chômages et la permanence des crises dont l'industrie et le commerce sont affectés, ce qui nous permettrait encore de faire une concurrence redoutable à l'étranger, à moins qu'il ne se révolutionne aussi.

L'agiotage, les *gros intérêts*, les subventions d'Etat et les monopoles privilégiés, sont cause de l'immobilisme et de la *désorganisation économique* dont nous sommes atteints.

Cinq milliards 500 millions de payés en plus, pour des services factices et surfaits. Voilà l'objet de nos convoitises, et le gâteau que se dispute l'avidité des traitants, des usuriers, écumeurs d'affaires, monopoleurs et agioteurs de toutes tailles ;

véritables pieuvres qui sucent le plus clair des produits du travail. La voilà l'origine et la source des immenses revenus que nous signalons à la page 293, et que notre ignorance qualifie encore d'heureuses et honnêtes spéculations. Mais c'est aussi ce qui forme les *éternelles* revendications du peuple. C'est la question sociale que les fins politiciens n'osent regarder en face, et qu'ils se donnent la peine bien inutile de nier : c'est elle que l'opportunisme libéral croit pouvoir ajourner indéfiniment ou que d'autres partis prétendent résoudre par l'autorité et le despotisme ; mais qui sous cette forme se représentera toujours plus intense et plus vivace que jamais.

# CHAPITRE XXVIII.

## LE SELF-GOVERNMENT
### OU LE REFERENDUM POPULAIRE.

C'est une erreur de croire sous le prétendu règne
de la démocratie, que le peuple en déléguant sa
souveraineté par le suffrage universel, puisse réaliser les réformes auxquelles il aspire. Voilà cent
ans, et sous toutes ses formes, que cette illusion
du peuple souverain se manifeste en vain (1); elle ne
représente toujours que l'autorité des intérêts établis ; et comme nous l'avons dit, la souveraineté du
peuple ainsi travestie n'est que la représentation du
droit des plus forts contre les *intérêts à établir.*

(1) *Une boutade humouristique.* Le droit de vote acquis au
peuple, afin de se démettre temporairement de sa souveraineté, a créé la comédie électorale. « Devant des électeurs à
« tête de bois et à oreilles d'âne, dit M. Paul Lafargue, les can-
« didats bourgeois vêtus en paillasse, danseront la danse des
« libertés publiques, se torchant la face et la post-face avec
« leurs programmes électoraux aux multiples promesses, et
« parlan avec des larmes dans les yeux des misères du peu-
« ple, et avec du cuivre dans la voix, des gloires de la
« France; et les têtes des électeurs de braire en cœur et soli-
« dement : hihan, hihan. » (*Le droit à la paresse*).

Il n'est donné à personne, pas même aux assemblées souveraines, de représenter efficacement la démocratie, sans que l'interprétation qu'elles en feront dégénère aussitôt en sentiments personnels, s'épuisant dans de stériles débats. La démocratie est une force qui ne dépend d'aucun pouvoir, et ne relève que d'elle-même : elle ne peut être représentée par voie de délégation, sans s'annihiler aussitôt. Son esprit politique et économique est pour ainsi dire impersonnel, il n'est que celui de la conscience collective ou du sens commun, il résulte des besoins de la vie individuelle et sociale, et ne peut être senti et exprimé que par elle-même.

Le travailleur, ô savants docteurs, est l'agent primitif et indispensable de la formation des capitaux ; sa modeste existence, la simplicité même de son esprit, n'ont point offusqué, oblitéré, ni perverti sa robuste conscience, ni porté atteinte au sentiment du juste qui est sa gouverne, et qui sont autant de gages de sa capacité politico-économique qu'il s'agit de *savoir consulter à propos* pour la voir fonctionner aussitôt. Comme il se méfie de l'aristocratie du savoir, il tient en suspicion tous les gouvernements et se trouve ainsi exempt d'ambition politique (qui aveugle ses représentants). Il est donc le sol fécond où la vérité et la justice peuvent sûrement s'enraciner. Or, l'ambition du philosophe et du savant ne doit pas être de gouverner et de représenter le peuple ; mais d'éclairer sa raison en lui montrant son droit et son intérêt, et d'en appeler par le vote à la conscience collective dans les questions non d'administration, mais d'intérêt local ou général que ses conseillers nommés *ad hoc* soumettraient à son adhésion ou à son refus, ainsi qu'il se pratique en Suisse. Qu'en pensent les partisans de l'appel au peuple.

On accuse le referendum populaire d'être d'un esprit mesquin et souvent hostile aux idées d'entreprise d'intérêt général quand le résultat ne paraît pas d'un effet immédiat. Et on dit qu'avec ce système on aurait à l'origine considéré la construction de nos lignes ferrées comme inutile, ainsi que le prétendaient le baron Dupin et Thiers. Mais on oublie qu'à côté de la passivité gouvernementale, il y a l'activité de la liberté du travail et de l'industrie privée, lesquelles stimulent l'opinion ; et que, dans le nouveau régime économique, les capitaux disponibles n'ayant plus rien à agioter, ni d'usure à exercer, toujours en éveil, prêts à s'engager, inspirés des besoins régionaux ou nationaux, n'attendraient pas pour se mettre en mouvement l'assentiment de conservateurs attardés comme Thiers, ou les lenteurs d'une législation hésitante et incompétente. Ils adresseraient à l'administration départementale, nationale ou municipale des propositions d'exploitation d'entreprises d'intérêt commun, et des demandes de concessions dont ils assumeraient la responsabilité dans le cahier des charges. Et mis en rapport commutatif avec l'intérêt public (v. ch. 23), ils feraient, comme on dit, marcher les affaires bien mieux que l'autorité. Mais cela n'atténuerait en rien le principe d'initiative de la législation pour faire appel aux capitaux en leur offrant des garanties, basées sur la réciprocité, non envers le gouvernement (ainsi qu'il se pratique avec la banque de France), mais envers le public, ce qui est autre chose.

### Nécessité de mettre un terme à l'ambition politique.

Pour aider aux réformes et aux transformations économiques qui se préparent, il faut en finir avec l'ambition politique qui a pour enjeu *l'autorité et la liberté*. Nous pensons avec P.-J. Proudhon que la vraie politique consiste à les pondérer l'une par l'autre, en donnant le dernier mot à la liberté, et de faire que l'activité du gouvernement ne s'exerce plus que dans l'application des lois adoptées par la nation, en un mot d'administrer sans gouverner, ce qui mettrait un terme aux ambitions politiques par la séparation de l'exécutif et du législatif.

Mais pour opérer ce résultat, il faut opérer la décentralisation administrative et législative, en donnant à chaque groupe qui compose la nation, l'administration de ses intérêts respectifs et même celui d'appliquer les lois d'intérêt général, afin de simplifier le rôle de l'administration centrale (1). De plus, définir constitutionnellement la limite du droit de chacun de ces groupes, et le rapport qui les unit les uns aux autres dans l'exercice de leur droit, de conformité à l'intérêt général.

*L'unité politique ou la centralisation compromet l'unité nationale.*

Alphonse Esquiros, racontant l'historique de la ligue du midi pour la défense nationale en 1870, a écrit : « Gambetta, extrêmement jaloux de son autorité, accueillit assez mal l'idée de la défense

(1) En Suisse, l'impôt qui est toujours voté et accepté par la nation, est appliqué et perçu par les soins de l'administration cantonale et à son profit, laquelle n'a à remettre au pouvoir central que ce que le canton doit fournir, pour solder les services d'intérêt général. Le catéchisme nous enseigne que Dieu est au ciel, sur la terre et en tout lieu. Il en est de même en Suisse pour le gouvernement, l'effet bienfaisant est partout, et on ne le voit absolument nulle part.

du Midi par le Midi, et ne vit que le projet de soustraire à sa dictature un groupe de départements qui spontanément ne voulaient qu'une levée de boucliers contre l'ennemi », et il conclut : « Par suite d'une fausse éducation politique, tout ne peut se faire en France que par la main de l'Etat » ; et quand l'Etat est impuissant à défendre le pays, son représentant à Tours, au lieu de contrôler l'action locale et de donner l'*exequatur,* ne trouve rien de mieux que de la paralyser.

## *Les autonomistes.*

Nous sommes d'accord avec le parti ouvrier et les autonomistes qui sont sur la voie de la fédération politique et de la décentralisation, lorsqu'ils réclament contre le pouvoir central l'autonomie communale. Mais, où nous nous séparons de tous les partis autoritaires, c'est que la souveraineté du peuple ne doit plus résider ou s'exercer à la Chambre ou à l'Hôtel de Ville, mais seulement dans le peuple, qui, ayant nommé ses mandataires à titre de conseillers, avec mission de discuter, d'élucider les questions d'intérêt municipal, cantonal, départemental et national, et de présenter aux électeurs le sujet de leurs délibérations, qu'ils acceptent ou rejettent, ainsi qu'il se passe en Suisse.

Croit-on, par exemple, que la société serait bouleversée si les citoyens d'une commune étaient appelés à donner leur adhésion aux délibérations de leurs conseillers municipaux, qui, sous l'influence de quelques gros bonnets auraient mal à propos engagé les deniers de la commune? Est-ce qu'une réunion d'électeurs ayant à statuer sur les décisions de leurs conseillers, quand il s'agirait *seulement de dépenses extraordinaires*, ne serait pas le moyen le plus efficace de former les esprits aux affaires communales, et de stimuler l'indifférence de nos édiles, beaucoup mieux et plus librement que l'enquête de *commodo et incommodo*, qui ne nous apprend rien, parce qu'elle n'est qu'une manifestation isolée.

## *Capacité juridique et économique du peuple.*

Nous avons eu en France de fortes têtes atteintes de la monomanie autoritaire et gouvernementale, ne voyant de réformes possibles à opérer que par la forc : Esprits spontanés, impatients, fanatiques, intolérants, toujours trop prompts et n'engendrant jamais. Et d'autres qui préfèrent la bascule parlementaire au self-government, ne croyant pas le peuple capable d'exercer sa souveraineté autrement qu'en la leur remettant.

Nous avons dit autre part, en citant Michelet, que le peuple valait mieux que ses meneurs : voici encore une citation qui confirme nos idées ; c'est M. Gladstone qui parle : « La question est de sa-« voir si la masse populaire est à même de sup-« planter continuellement les classes dirigeantes. « Or, il s'est trouvé que dans toutes les occasions « où la vérité, l'humanité et la justice étaient en « cause, ce sont les masses qui ont prononcé « juste, et les hautes classes qui sont restées dans « l'erreur. » Châteaubriand a dit aussi : « La justice est le pain du peuple, et il en est toujours affamé. »

Quand on entend l'élite de l'aristocratie confesser humblement, mais avec dignité, que la vérité, l'humanité et la justice sont immanentes dans le peuple, dans la masse, on est sûr que l'oracle populaire consulté à propos répondra toujours juste.

Dans l'ordre judiciaire, la vérité s'établit par les discussions contradictoires, d'après des témoignages et des faits, et nous savons par expérience que le jury populaire est dans sa simplicité et sa conscience, plus apte à appliquer la justice criminelle que le magistrat retors, dont l'esprit reste constamment renfermé dans la lettre de la loi. Il en est de même des questions économiques ou d'intérêt collectif ; elles s'élucident comme celle de l'ordre judiciaire par des observations, des discussions, des conférences, des faits établis sur le témoignage de l'expérience et de la science, mais elles ne peuvent s'appliquer qu'après avoir été acceptées de l'opinion.

Que nous faudrait-il donc pour mettre en mouvement la capacité économique du peuple, et pour la reconnaître ? Un peu moins de pédantisme et d'ignorance, plus de générosité, et surtout l'amour de l'humanité.

### *Décentralisation administrative.*

Nous extrayons encore de notre brochure, un paragraphe sur la décentralisation administrative, où il est dit : Avec la décentralisation, le premier article de la constitution politique serait : 1° de donner aux conseils généraux les attributions législatives pour ce qui concerne l'intérêt du département ; 2° de donner aux communes la direction de leurs intérêts respectifs ; 3° de créer un conseil fédéral au-dessus des départements (comme en Suisse), afin de servir l'intérêt général des départements et d'en constituer l'unité ; de plus, investir ce conseil d'un rôle d'initiative générale et de surveillance des droits et libertés dont les constitutions locales sont les dépositaires, et le pouvoir de promulguer les lois générales de la confédération après avoir été votées ou ratifiées par la majorité de la nation ; mais ces lois ne pourront recevoir d'exécution que sur le visa des législations départementales et par leurs propres agents, afin de simplifier le rôle de l'administration centrale.

Ce système, dit P.-J. Proudhon, est applicable à toutes les nations et à toutes les époques. « Il ne s'agit donc que de définir dans la constitution fédérale et dans les constitutions départementales les attributions de chaque groupe : communes, cantons, arrondissements, départements, ainsi que celles du conseil fédéral. Cette organisation n'étant pas plus compliquée que le système actuel, les éléments de l'ancienne administration, en se transformant, pourraient servir à former la nouvelle ; et la force motrice du corps social, se reportant de la tête à tout l'organisme, en assurera le parfait fonctionnement, avec plus de célérité, et surtout beaucoup plus d'économie.

### Séparation des Eglises et de l'Etat.

Il nous est impossible aujourd'hui, avec la centralisation, d'opérer la séparation des Eglises et de l'Etat sans provoquer dans quelques départements

une seconde chouannerie. Dans la fédération, c'est
le contraire qui a lieu. Notons d'abord que chaque
département payant sa part du budget pour les
services publics, il en a la disposition. Afin d'en
faire l'application, le conseil fédéral ne disposant
pas du budget des cultes, cet arrêté n'a à ce sujet qu'un effet administratif ou de contrôle pour
faire respecter le droit des constitutions locales et
leur accord avec la constitution nationale.

Or, la constitution nationale admettant la
liberté des cultes, le conseil fédéral ayant l'initiative des lois d'intérêt général, propose au peuple la séparation des Eglises et de l'Etat. Si la
nation rejette cette proposition de loi, une législation départementale peut voter et demander au
conseil fédéral, l'autorisation constitutionnelle d'appliquer cette loi à son profit. Aussitôt la demande visée par le conseil fédéral, le pouvoir ou
la législation départementale soumet cette proposition à l'adhésion de ses concitoyens. Alors le
vote populaire, en ratifiant cette loi locale, le département obtient pour lui seul cette séparation.
Le service des cultes s'organisera donc dans cette
région avec la liberté, mais sous la surveillance
des autorités locales ; et le budget qui servait à
solder les cultes n'ayant pas été supprimé par un
vote national, le département pourra l'employer à

d'autres services. Les autres départements, moins avancés, ou plus sages, resteront dans le *statu quo*, attendant le bon ou le mauvais effet de cette loi que leurs voisins ont adoptée.

Dans la fédération, l'initiative des réformes et des lois appartient donc à l'autorité, et le dernier mot à la liberté, c'est-à-dire que la souveraineté du peuple existe positivement.

Dans les communes, cette souveraineté s'exerce également, car toutes les décisions d'intérêt communal votées par le conseil municipal, après avoir été envoyées au visa du conseil d'Etat départemental (comme aujourd'hui à la préfecture), reviennent à la municipalité, qui les soumet définitivement au vote populaire, qui les accepte ou les rejette.

On objecte que le peuple sera ainsi toujours occupé à voter. Sans doute, comme jadis il était appelé à prier. Il ira donc au scrutin comme il allait à la messe, comme actuellement il va au café. N'avons-nous pas dit qu'il devait désormais faire ses affaires lui-même? On dit : Le peuple est trop indifférent, il s'abstiendra. Aujourd'hui, il a raison de s'abstenir, puisqu'en déléguant sa souveraineté il la perd ; et que ses mandataires sont toujours impuissants ou infidèles. Mais dans la fédération, sachant ce qu'il fait, il ne *manquera jamais* l'occasion d'exprimer son idée sur les choses qui l'intéressent.

Cependant, j'en conviens, le temps est précieux, il nous faut compter. Trois ou quatre questions communales ; autant d'intérêt local ou fédéral, en tout six ou huit votes dans l'année, le dimanche matin : total, quatre heures par an à dépenser pour aller au scrutin. On en dépense autant chaque dimanche avec son argent dans les estaminets. Pourquoi récriminer ? Est-ce qu'on verrait avec peine se déployer l'activité de l'esprit des populations ? Voudrait-on, afin de nous gouverner, nous entretenir dans notre ignorance et notre crétinisme politique.

Il y a sans doute quelque chose à faire, dit-on, mais c'est pousser trop loin l'exemple de la décentralisation, et surtout de la souveraineté, auxquelles le peuple n'est pas encore préparé. En admettant le principe, je suis d'accord. N'allons pas si vite, préparons-nous. Qu'on y mette du tempérament, de la réserve. Sachons bien distinguer ce qui est d'intérêt local ou d'intérêt général. En définissant les choses, on ne tombera ni dans la confusion, ni dans le désordre. Mais commençons par quelque chose : décentralisons en laissant au pouvoir central la direction des grands services d'Etat, et le contrôle des intérêts régionaux. En donnant aux conseils généraux quelques attributions législa-

tives d'intérêt local, nous verrons la force de concentration autoritaire diminuer proportionnellement ; et se répandant dans tous les groupes, nous
sentirons aussitôt la *névrose politique* qui nous
agite et nous fait perdre l'esprit, se calmer aussitôt.

La chose publique, voilà l'enjeu ; sauver la situation compromise par tous les partis, ou abréger
la ruine de la nation, voilà le dilemme. Redisons-
le donc encore : c'est cette chimère de l'unité politique qui amène les abus de l'autorité, qui compromet l'unité nationale ; qui jadis a perdu Rome ;
rend stationnaire les grands Etats, menace de dé-
sagréger en Europe les nationalités agglomérées,
et a rendu les races latines inférieures aux races
germaniques où l'esprit de fédération n'est pas
complètement éteint par la centralisation.

Le dimanche 25 octobre 1885, le peuple suisse
avait à se prononcer sur une question d'intérêt général, votée par le conseil fédéral, laquelle était soumise à son approbation avant d'avoir force de loi.

Ce vote avait pour objet de ratifier une loi nouvelle sur l'abus de l'alcool, qui, là comme ailleurs,
est une calamité. Ce projet de loi a été adopté par
le peuple par 224,302 voix contre 132,735. La loi
donne aux cantons le droit de réduire, s'il y a lieu,
les débits de boissons, et autorise la confédération
à frapper un impôt de 50 fr. sur les alcools ; le

produit de cet impot est réparti au profit des cantons, à proportion de la population.

Comparons par analogie ce que le peuple suisse répondrait si on lui proposait de ratifier un projet de loi d'intérêt général que le gouvernement impérial a résolu en 1852 en faveur des compagnies de chemins de fer. L'exposé des motifs disait : « On a concédé aux compagnies 45 ans de jouissance et d'exploitation avec de hauts tarifs rémunérateurs, les compagnies s'en trouvent bien puisque les actions sont au pair. Mais pour faire doubler et tripler la valeur de ces actions, je vous propose de proroger cette jouissance de 45 à 99 ans, afin d'enrichir les actionnaires ; ce qui alimentera aussi la spéculation financière, et fera aller les affaires, etc. »

Le peuple suisse répondrait par un vote unanime : Non ! non ! cela est de la pillerie, et ne passe pas chez nous. Voilà pourtant ce que l'Empire a fait à la grande satisfaction de la finance, et ce qui nous vaut de payer les transports des voyageurs quatre fois plus cher qu'en Belgique : et combien d'autres choses comme cela. O ! admirable économie de l'unité politique et de la centralisation chez une grande nation.

# CHAPITRE XXIX



## *Préambule.*

1° Le droit individuel ne s'est pas réalisé pour tous au même instant. Il ne s'est établi à l'origine que par la force. C'est la lutte pour l'existence. Absolu, exclusif, égoïste, il s'est appesanti sur la masse encore ignorante et barbare ; l'assujettit par l'esclavage, puis par le servage. Et aujourd'hui, transformé par la liberté du *laissez faire, laissez passer,* les plus forts manifestent encore leur arbitraire, par le développement contradictoire des lois économiques dans le travail parcellaire, le machinisme, ce qui entretient de plus en plus les travailleurs dans la dégradation et la misère, et le trouble dans la société.

2° La science économique nous enseigne qu'aucune richesse, aucun capital, aucune sécurité, aucun droit ne peut se former, s'établir et se conserver que par la société, laquelle ne s'établit que par l'unité des forces des diverses spécialités du travail, et du concours de toutes les libertés. Et encore que la répartition de la richesse ne peut s'opérer équitablement et librement, entre les divers producteurs, que par un rapport de réciprocité dans l'*échange*.

3° Deux forces distinctes, s'engendrant l'une de l'autre, concourent à la formation de la richesse et des capitaux : c'est la force individuelle et la force collective, d'où résulte le droit respectif de chacune de ces forces. Cette dualité de forces et de droits a nécessairement pour conséquence leur corrélation réciproque, afin de faire naître de la diversité des intérêts leur unité même et constituer l'ordre social.

4° Comme nous venons de le dire, le droit commutatif se réalise entre les citoyens par la réciprocité dans l'échange des produits. Mais il a pour conséquence nécessaire d'établir la corrélation du droit individuel avec la société, afin de reconnaître son droit de suzeraineté sur les valeurs qu'elle a contribué à créer et qu'elle a concédées à titre de propriété individuelle, à seule fin d'établir l'indépendance de tous les travailleurs, et de garantir par des institutions d'intérêt commun tous les intérêts.

### ARTICLE 1ᵉʳ.

Le droit de la société s'exerce, d'abord par la reprise des plus-values naturelles et collectives données gratuitement par la nature, qui ressortent des propriétés qu'elle a concédées, et dont nul individu n'a le droit de s'emparer d'une façon absolue ; ainsi l'implique la corrélation de réciprocité. L'exercice du droit de propriété individuelle sera soumis au droit de réciprocité en faveur de la collectivité.

### ART. 2.

Le droit d'appropriation individuelle, si nécessaire à l'activité et à l'indépendance des producteurs, sera sauvegardé par la suppression du contrat de louage, en le remplaçant par le seul contrat de vente. Le droit d'appropriation se trouvera ainsi limité, et sans arbitraire, à ce que l'individu, l'association ou la compagnie peut mettre en mouvement.

### ART. 3.

Le droit de réversion, résultant du droit collectif, est acquis à l'Etat dans les biens disponibles : il a pour but de sauvegarder la liberté du travail, ainsi que de rétablir l'équilibre des fortunes que le droit illimité de succession tend à rompre incessamment. Il s'exercera donc en appliquant la progression au droit d'amortissement, *seulement* sur les grands héritages, afin de proportionner la possession des capitaux instruments de production, à la force ou à l'activité de chacun. Ce sera le terme de l'accumulation des valeurs mobilières aux mains de quelques-uns, et la fin du droit du hasard dans la répartition de la richesse.

## Art. 4.

Le capital, agent de circulation et de pénétration, étant engagé tacitement en collaboration avec le travail pour une œuvre collective, formera avec les ouvriers une association explicite et de droit, laquelle se constituera en compagnie ouvrière. Le contrat sera homologué par l'administration départementale ou nationale. Il établira un rapport commutatif avec l'intérêt commun pour la vente des produits, le bénéfice net établi d'après le prix de revient. Ce sera le point de départ de la fédération des intérêts.

## Art. 5.

La valeur du travail ou de main-d'œuvre s'établira librement dans chaque région par la réunion des délégués des syndicats corporatifs assistés d'un délégué de l'administration, afin de constituer cette valeur d'après les frais, risques, etc., qui entrent dans l'exécution du travail, et d'après l'étalon de la force moyenne des travailleurs. Le tableau des prix ou les tarifs de main-d'œuvre seront présentés à l'administration afin de les homologuer pour en faire l'application temporaire. L'offre et la demande, ainsi que la concurrence, ne pourront s'exercer librement que sur la valeur ou le prix des produits ouvrés, dont le producteur-entrepreneur est seul responsable, mais jamais sur le salaire de l'ouvrier ; ce sera le terme des coalitions et des grèves.

## Art. 6.

Le commerce et l'industrie (les associations volontaires), à l'imitation des artisans travaillant à leurs risques et périls, établiront le prix de revient, le taux de leur bénéfice d'après le prix coûtant. C'est-à-dire que soumise à la loi commutative, la vente des produits ou des marchandises se fera à la commission, sur facture ou marque véridique du prix coûtant sur la marchandise (v. ch. 21). La commission sera librement établie par l'offre et la demande ; et la concurrence, devenue loyale, établira le juste prix des produits.

## Art. 7.

La marque de fabrique des produits industriels sera déposée à l'office de publicité (et le signe appliqué sur la marchandise) ; elle indiquera la qualité du produit, et l'industriel sera tenu de le livrer tel, sous peine d'escroquerie. Ce sera le terme de la falsification des produits.

### Art. 8.

Les devis des travaux publics étant basés sur la valeur de main-d'œuvre et le prix de revient des matériaux, l'adjudication des travaux se fera sur le rabais du bénéfice à tant pour cent, proposé par l'administration. L'entreprise sera tenue, par le cahier des charges, d'assurer les risques de force majeure.

### Art. 9.

Les concessions de l'Etat, des départements et des communes aux compagnies ouvrières, pour l'exploitation des services publics, tels que : chemins de fer, mines, canaux, postes, gaz, eaux, se feront en stipulant dans le cahier des charges le taux maximum du bénéfice net, établissant ainsi un rapport commutatif avec l'intérêt public sous le contrôle de l'administration.

### Art. 10.

Des taxes de compensation seront établies dans les industries extractives : agriculture, mines, etc., ainsi que dans l'industrie manufacturière

(v. ch. 12 et 22, p. 186, 187), d'après les plus-values qu'elles produisent, afin de protéger celles qui, à frais égaux, ou à travail égal, ne font pas leurs frais, et dans le cas où ces dernières devraient être conservées dans l'intérêt de la production nationale. Ainsi s'établirait la fédération des intérêts et la solidarité collective.

## Art. 11.

Des institutions d'intérêt commun, Crédit public, Assurances mutuelles et générales pour tous les risques, la création de monopoles légaux pour l'exploitation des services publics par des compagnies ouvrières rendant leurs services à prix de revient (ch. 22 p. 198), établiront généralement la fédération industrielle entre tous les producteurs-consommateurs.

## Art. 12.

Des réglements organiques formés par l'administration régionale et nationale seront présentés à l'homologation de la législation départementale ou nationale; ils serviront à l'application et à la garantie des intérêts divers et de sanction au droit commutatif, le seul que la conscience universelle reconnaît.

———

# CHAPITRE XXX

RÉSUMÉ ET CONCLUSION.

Après avoir signalé dans le cours de nos définitions les contradictions politiques et économiques qui nous agitent et nous divisent, et montré
l'impuissance de tous les pouvoirs à les résoudre,
ayant reconnu la cause du mal, nous avons trouvé
le remède, en opposant à chacun des faits contradictoires de l'économie politique un principe de
pondération; une loi que nous avons définie au
chapitre 3, et dont l'application en paralyse la
maligne influence en sauvegardant la liberté mais
en la disciplinant; et cette loi est la loi commutative, dont le sens commun a l'intuition sans en
connaître encore la formule.

D'autre part, nous avons remarqué que le droit
de la force apparaît à l'origine comme conservateur de faits, tout à la fois légitimes et abusifs,
acquis à l'initiative individuelle, on pourrait dire
à titre de monopole ou de privilège perpétuel
(voilà l'abus). Or, ce droit exclusif, absolu comme
le moi, dont il est la représentation, a érigé en

droit des faits contradictoires dont les lois économiques sont la manifestation spontanée.

Nous avons vu aussi que la liberté étant de nature transactionnelle, amenait notre égoïsme à composition avec autrui. Or, il résulte que l'égoïsme est disciplinable et que plus la liberté s'engage dans des conventions réciproques, plus elle donne de garanties, plus aussi elle en reçoit, et plus l'individu acquiert de liberté *puissancielle,* et plus le droit et l'ordre se consolident. Ces notions sont du domaine commun, ce qui leur manque, c'est de n'être pas définies par la législation pour être appliquées par la loi à l'équilibre des forces économiques, afin d'en régulariser l'action et de conserver ainsi la liberté d'action du plus faible contre celle du plus fort.

L'influence de la société dans la création de la richesse et le développement du génie individuel, est indiscutable : elle constitue une force de collectivité qui doit s'appliquer à la garantie des droits de l'homme et du citoyen, et donner à la nation un droit sur les valeurs en activité comme sur celles qui sont disponibles, non comme propriétaire, mais à titre de suzeraineté. pour appliquer les taxes de compensation et opérer à l'aide de l'impôt la reprise des plus-values, et des droits successifs pour en faire la répartition au profit de la collectivité.

Nous avons fait voir comment, dans la pratique, la société tend à établir l'égalité dans la répartition des salaires, honoraires, en prenant la mesure des inégalités d'après les frais et risques dont se compose le travail dans chaque spécialité de la production. Et nous montrons aussi que les abus de toutes sortes qui se commettent, soit par la propriété, le capital, l'industrie et l'impôt, sont supportés par les salariés seuls, qui comme le bouc émissaire, expient dans la misère les fautes de la société contemporaine.

Le crédit considéré comme d'institution sociale, faisant partie des services publics à prix de revient, c'est l'argent assimilé à la marchandise ordinaire, et la fin des calamités qu'engendre le crédit individuel. C'est surtout la finance cessant *d'user, d'abuser et de régner*, devenant par des entreprises d'utilité publique, créatrice de nouvelles richesses. Et, en associant de droit le capitaliste aux travailleurs dans l'œuvre collective, en régularisant l'intérêt du capitaliste-entrepreneur, en constituant la valeur du travail, nous préservons l'ouvrier ou l'employé des réductions arbitraires qu'auparavant le capital pouvait opérer sur son salaire. Dans les compagnies ouvrières, l'entrée des employés, ouvriers au conseil d'administration, le partage des bénéfices, sont la conséquence de l'*équipondérance* de forces diverses mais égales, qui concourent à un but unique : le produit. Ajoutons que par l'instruction professionnelle, le roulement des grades s'opérant dans les compagnies selon la capacité, ferait des travailleurs des hommes intelligents, libres, hiérarchiquement subordonnés, mais indépendants par l'association, au lieu de serfs qu'ils sont aujourd'hui sous l'exploitation de l'Etat et du capital.

La constitution temporaire de la valeur du travail ou de la main-d'œuvre dans chaque localité, d'après le prix des denrées, fera que la journée du travailleur pourrait s'élever ou s'abaisser, selon la rareté ou l'abondance des produits, et que l'universalité des citoyens profiterait ou pâtirait de l'abondance ou de la rareté des choses.

Nous devons remarquer que la tendance des gouvernements autoritaires est à la centralisation économique, à l'exploitation de certaines industries par l'Etat, comme dirait M. de Bismarck, au socialisme d'Etat. Dans le désordre économique actuel, où le droit et les intérêts sont acquis aux gros bataillons, les classes moyennes subalternisées par la finance, harcelées par la concurrence anarchique, etc., n'ont guère de sécurité dans leurs entreprises ; hormis les rentiers qui s'abritent en sécurité sous le taux légal de l'intérêt, personne n'est sûr du lendemain, et encore, comme aurait dit E. Girardin, il serait prudent d'assurer ces derniers contre le risque de Révolution. Dans ces conditions précaires, nous avons les yeux tournés vers l'autorité, afin d'obtenir des emplois et des pensions, des primes d'encouragement, etc. Le résultat final de ce régime que nous pratiquons déjà, serait la consécration du salariat par l'Etat, et la création d'une caste ou d'un mandarinat *administratif*, se recrutant comme aujourd'hui dans la bourgeoisie, à laquelle l'instruction permettrait à elle seule l'accès des emplois. Ce serait le socialisme d'Etat.

C'est en détruisant les droits seigneuriaux qu'en 1789 la bourgeoisie s'est émancipée et a proclamé les droits de l'homme, mais sans les définir. C'est maintenant au peuple à définir son droit, à détruire la féodalité financière et ce qui reste de la féodalité terrienne, et de rejeter la tutelle de la commune agricole ou industrielle, et finalement la tutelle de l'Etat, et d'opérer par la pratique des institutions commutatives, la fusion des classes. La constitution du crédit public, l'exploitation des services d'intérêt général à prix de revient, la détermination approximative de la valeur de main-d'œuvre, l'association de droit du capital et du travail, par la formation de compagnies ouvrières,

sous le contrôle et non la direction de l'Etat, etc.,
sont les principaux éléments qui doivent servir de
base à la fédération industrielle et à constituer la
solidarité des intérêts.

Une société ou association commerciale ou industrielle, qui donnerait à chacun ou à quelques-uns
de ses membres, le *droit d'user et d'abuser* des
choses qui composent l'actif de la société, et en
vertu de cette belle maxime de Guizot : « Enrichissez-vous », une telle société, direz-vous, serait bientôt obligée de faire banqueroute ou de
liquider. Hé bien, telle est la condition particulière
de la société française et de l'Europe en général.

Dans une société normale, sans inventer et sans
créer de nouvelles richesses, l'individu ne peut
s'enrichir sans faire tort aux autres, quand la valeur productive de l'homme dans chaque spécialité
du travail n'est en moyenne que comme un, et
que la France ne produit annuellement que 14
milliards, ce qui constitue au maximum pour chaque famille un revenu ou une part de 1,600 francs.

On se demande à quel titre, autre que celui du
hasard du jeu ou de l'hérédité, la richesse peut-
elle s'accumuler, et comment la roue de la fortune
a-t-elle pu tourner contre le travailleur. A quel
titre, dis-je, le chef de la maison des Rothschild
peut-il avoir cent francs à dépenser par minute,

ou comme J.-W. Mackaic (Irlande) 68 millions 500 mille francs de rentes, soit 2 fr. 10 par seconde, ce qui ferait, si la production anglaise était égale à la nôtre, la part de 42,875 familles, que ce gigantesque Gargantua percevrait sur la masse de la richesse annuelle, réduisant d'autant le revenu légitime de tous les travailleurs. Voilà donc, adorateurs de Mamnon, admirateurs inconscients de l'opulence, la cause de l'atroce misère dont souffre l'Irlande, dévorée par les neuf mille pieuvres ou landlords qui la dominent par le droit *exclusif* de propriété, et la conséquence de l'abandon par tous les gouvernements des plus-values naturelles ou rentes, qui ne sont produites que par la collectivité (p. 95 et 96).

Après avoir établi le droit de la société dans le partage des plus-values qu'elle crée, nous reconnaissons encore son droit de suzeraineté sur les richesses individuelles (qu'elle contribue incessamment à former), lequel s'exerce aujourd'hui d'une façon insuffisante sur le droit de mutations ou sur les successions. Il est donc de toute justice d'appliquer la progression au droit d'amortissement sur les grands héritages, à seule fin de rétablir l'équilibre des fortunes que le droit illimité des successions tend à rompre incessamment par l'accumulation des biens et des richesses aux mains de quelques-uns.

Dans notre chapitre de la fédération des intérêts, le droit de suzeraineté sociale s'exerce encore (comme dans les industries extractives) par le droit de patente ou taxes de compensation, appliquée aux compagnies ouvrières libres, afin de protéger les industries similaires qui n'auraient pas encore amorti le capital engagé dans leur entreprise. Cette protection commutative établirait les industries similaires sur le pied de parfaite égalité économique.

Les chemins de fer, les mines, la Banque de France, le commerce des blés et farines, les canaux, les postes et télégraphes, faisant partie du domaine public, l'exploitation de ces services ne devant pas se faire par l'Etat, mais par des compagnies ouvrières concessionnaires rendant leurs services à prix de revient ; afin d'établir un rapport commutatif des compagnies avec le public et de mettre fin aux spéculations financières, aux abus et aux corruptions de l'autorité.

Enfin dans tous les rapports sociaux, l'équilibre s'établit sans que la force intervienne, soit par décret du prince, comme le réclame M. E. Drumont, pour opérer la confiscation des biens de tous les Juifs, ou par décret de l'Etat ou de la commune, comme le demandent les communistes, pour la confiscation universelle de tous les capitaux au profit de l'Etat.

L'esprit égalitaire et commutatif de la constitution économique, dont nous nous inspirons dans ce travail, garantit la liberté et l'intérêt de chacun. La législation reposant sur le *referendum* populaire, mettra définitivement fin aux ambitions politiques et au droit des plus forts. Or, notre chapitre de la liquidation sociale étant conforme au droit individuel et naturel, comme au droit collectif, doit être le premier acte de la Révolution sociale.

Dans le *socialisme* bourgeois, la production comme la répartition de la valeur des produits, sont livrés à l'anarchie de la liberté du « laissez faire et du chacun pour soi »; c'est le droit des plus forts et des plus riches qui gouverne les intérêts. L'agiotage enrichit les uns et appauvrit la masse. Les grèves, les coalitions sont le signe évident de l'antagonisme des forces de la production et le prélude de la guerre sociale.

Dans le *socialisme* mutuelliste, l'instauration du droit commutatif rend la liberté contractuelle, transactionnelle, et ce droit établit une libre confédération entre producteurs et consommateurs. En outre, par le droit commutatif, les forces économiques, le capital, la propriété, l'industrie, le commerce, sont en équilibre, et la répartition de la richesse est proportionnée au produit de chacun. De même, en politique, « l'autorité, principe d'initiative, est pondérée par la liberté, principe déterminatif », et la législation par le *referendum* du vote populaire.

Dans le *socialisme* communiste, la production collective est indivise, la répartition des produits est effectuée en commun par des « économes nommés *ad hoc*. » Dans le travail, la liberté individuelle est remplacée par le travail à la tâche, qui sera établie dans chaque industrie par l'arbitraire de l'administration. On nous prédit que dans l'atelier communiste, l'émulation que donne la propriété et la liberté individuelle, sera remplacée « par celle de la gloire et par l'amour de l'humanité. » Nous croyons plutôt qu'il y aura émulation sensible vers l'inertie : car où l'homme perd son autonomie, le sentiment de consommation est toujours plus fort que celui de production.

En combattant la communauté des biens avec la certitude de son impraticabilité, nous devons rappeler au lecteur que la réciprocité ou la loi commutative qui est la justice même a été proclamée en tous les temps par les penseurs et les sages comme base de la morale. Mais les temps sont venus de reconnaître que pour être effective cette loi doit d'abord être appliquée au temporel afin de s'établir au spirituel. C'est-à-dire qu'elle doit présider à tous les rapports d'intérêts : ou sinon la loi morale n'est qu'un sentiment vague et irréalisable.

Après avoir arraché les entraves et déblayé le terrain en liquidant le passif du vieux monde, nous avons constitué la loi commutative en droit social faisant désormais de cette loi morale le code politique et économique de la société nouvelle. N'en déplaise à M. Jules Simon, en accordant la loi morale avec la loi politique ou écrite, nous sommes dans la vraie tradition de la Révolution, qu'aujourd'hui le monde politique est en train d'oublier malgré le souvenir du centenaire qu'on se prépare à célébrer. Ce qu'il y a de plus triste, c'est que le parti socialiste, pour ne s'être pas arrêté à cette étape ou à cette idée (ce qui est conforme à la marche du progrès et à l'évolution de l'esprit), a fini par rétrograder jusqu'à Pythagore.

Si « le communisme scientifique » est possible, il ne se réalisera en politique qu'en « socialisant » l'autorité et la liberté, afin d'atténuer le côté absolu de ces deux forces ; et en économie sociale en établissant approximativement la valeur du travail, ainsi que les rapports commutatifs de l'échange, et surtout par la création d'institutions d'intérêts communs, dont l'opinion a déjà l'idée. Alors ce serait non pas la communauté des biens, mais la communauté des intérêts, reposant sur leur solidarité, avec la liberté du travail garantie à tous par l'égalité des moyens économiques.

L'idée communiste ne se soutient actuellement que par la critique des abus de l'économie bourgeoise. Mais au point de vue de la raison pratique et de l'entendement, elle est irréalisable. Elle n'est encore qu'une idée simple, et les idées simples étant contradictoires devant la raison générale amènent la confusion et surtout la division du parti. Voilà pourquoi le socialisme, qui n'a pas de méthode expérimentale et pratique, n'a aucune prise sur l'opinion, et que par les agitations sans portée qu'il fomente, il prépare le triomphe de la réaction.

Or, nous demandons aux socialistes communistes de nous montrer autrement que par des sentiments, des théories ou de savantes hypothèses, comment, après s'être emparés de tous les capitaux, ils entendent organiser le travail et répartir les produits, avec l'arbitraire de la justice distributive, sans soulever aussitôt les protestations universelles de la liberté dont l'homme a le sentiment inné.

Le possibilisme communiste, tout comme l'opportunisme bourgeois et le radicalisme démocratique, ne sont que des idées politiques indéfinissables, auxquelles le sens commun ne peut rien comprendre. Ne serait-ce pas le cas de dire ici, que politique et socialisme, égalité, autorité et liberté, dont nous parlons tous, sont choses que nous comprenons le moins.

La communauté est-elle possible? Si oui, ce serait la fin de toute liberté, la restauration de l'autorité pure, le retour à la barbarie, et finalement le glas funèbre de la société expirante, le châtiment de la lâcheté de la nation, la fin de son égoïsme qu'elle n'a pas voulu discipliner. « La communauté c'est la mort », mais comme le phénix, la société renaîtrait de ses cendres, en ramenant à la vie la féodalité basée sur le despotisme monarchique et autoritaire.

En constituant définitivement la souveraineté populaire par le *self-government* (mot anglais qui signifie gouvernement du peuple par lui-même) et en appelant le suffrage universel à statuer sur les délibérations de ses différents conseils, la force collective est définitivement constituée. L'entraînement des masses vers un terme inconnu n'a plus sa raison d'être, puisque l'opinion s'éclaire et se forme sur les questions économiques que des conseils spéciaux sont chargés d'élucider, et de présenter le sujet de leurs délibérations à l'adoption du vote populaire. Ainsi, l'ordre politique repose sur deux principes nécessaires : « L'autorité et la « liberté, le premier, *initiateur*, et le second, *déterminateur*. » Or, nous en aurons fini avec les trahisons de tous les gouvernements, comme de l'ineptie des politiciens. Plus de coups d'Etat, plus de traîneurs de sabres, plus de tribuns à élever sur le pavois, plus de bastilles à démolir. C'est la société expurgée des éléments turbulents et parasites qui l'agitent, en fomentant les guerres civiles, et ce qui porte encore les nations à se ruer les unes contre les autres. C'est la société rendue à elle-même par la pratique des libertés politico-économiques, et surtout c'est l'unité nationale constituée par la définition du droit et de la liberté **INHÉRENTE** à chaque groupe et reconnue par la constitution nationale. Ce sera encore la fédération des peuples, reposant sur le régime des contrats, — non pour le libre-échange — mais pour l'égal échange. Voilà l'esprit de la Révolution et l'idéal *de notre utopie.*

# TROISIÈME PARTIE

## CHAPITRE XXXI.

### DE L'ÉDUCATION MORALE DANS LA JEUNESSE.

Il est dit dans le texte, page 78 : ventre affamé ne connaît pas de règle, ce qui veut dire qu'avant de prêcher la concorde et la fraternité, il est nécessaire que les frères en Adam aient dans le patrimoine naturel, sinon part égale, mais tout ce qui leur revient par le travail.

Après avoir réglé les intérêts matériels d'après les principes de justice commutative, il nous reste à exposer quelques règles de morale, basée sur la raison pratique, et non plus sur des principes superstitieux, et sur la terreur passagère qu'ils inspirent.

Qu'est-ce donc que la morale? Elle est la science qui nous unit les uns aux autres, elle nous apprend d'abord à harmoniser nos facultés inférieures avec notre intelligence supérieure, consciente et raisonnable ; afin d'établir l'accord avec nous-même, et dans nos relations avec nos semblables, de former un lien d'affection ou d'attachement personnel, lequel en se généralisant, constitue le lien social. La morale est contemporaine de toute société, et la formule s'y révèle d'une façon mystique ou comme un commandement supra-social, dans les religions.

## La métaphysique.

La métaphysique est cette prétendue science qui a pour but la recherche des causes premières et qui traite des êtres spirituels ou de l'esprit en soi du surnaturel, toutes choses que nous concevons, mais qui ne se démontrent pas, et sur lesquelles les esprits sérieux ne doivent s'arrêter qu'un instant, sous peine de tomber dans la superstition et l'imbécillité. Voyons donc en quelques mots comment se forment les idées métaphysiques :

On observe que nous sommes mus par deux courants d'idées distinctes et contraires. Ainsi, l'homme a par instinct l'idée de satisfaire ses inclinations sensuelles, et au même instant son esprit s'y oppose par raison ; il veut et ne veut pas. A l'origine, cette dualité d'idées dont l'homme ne pouvait encore se rendre compte, lui a fait croire qu'il était sous l'influence d'un bon ou d'un mauvais génie. De là, ses invocations, ses adjurations et ses prières.

Il y a dans la nature, des manifestations, des transformations, des phénomènes que nous observons qui dominent notre imagination, et que nous supposons aussi être l'œuvre de volontés ou d'esprits semblables à ceux qui nous font agir. C'est ainsi que nous concevons des êtres ou des intelligences qui sont cause des phénomènes et animent tout dans l'univers.

Les enfants, dit M. Henry Mérou, animent tout dans la nature, ils croient voir partout des forces analogues à la volonté humaine. L'enfant s'est-il blessé avec un couteau, il vient se plaindre aussitôt à sa mère de la méchanceté du couteau ; il impute à la pierre qui le fait tomber l'intention de lui faire mal. En un mot, c'est à son image qu'il conçoit tous les êtres et toutes les forces de la nature. » Telles sont avant toute expérience, chez l'homme comme chez l'enfant, les premières manifestations de la raison pure ; mais il faudra du temps pour que la raison pratique et expérimentale nous apprenne à distinguer dans la nature les rapports physiques et matériels des forces mécaniques qui l'animent ; et dans notre être, pour distinguer les rapports des sens, au moral ou à la conscience.

Il est vrai qu'il y a de la force dépensée dans l'univers, de l'organisation, de l'arrangement et même de l'intelligence. Cela est incontestable et les phénomènes en témoignent. Mais ces forces toutes matérielles sont aveugles, purement mécaniques et l'intelligence y est inconsciente. Ces forces s'entre-détruisent et transforment incessamment la substance ou la matière qui les produit, créant ainsi de nouvelles forces et de nouveaux phénomènes. Ce qui nous ferait croire qu'il y a autant d'ordre que de désordre dans l'univers, dont notre imagination en a reporté primitivement la cause à de bons ou à de mauvais génies : Ormuzd, le bien, et Ahriman, le mal. Telle est l'origine des idées surnaturelles ou métaphysiqmes.

### *La religion de l'humanité.*

Enfin, où est donc la cause et comment se manifeste la spiritualité raisonnée et consciente que le moi humain conçoit, et dont il cherche l'origine en dehors de lui ? Hé bien, la spiritualité consciente ne se découvre nulle part que chez l'homme ; elle se développe par l'éducation et se manifeste par la parole ou le verbe, sinon l'homme, comme les animaux inférieurs, et l'univers, ne seraient qu'une force ou une intelligence toute mécanique : « Ce Dieu

« que tu adores, ô homme, ce Dieu que tu as fait
« juste, tout puissant, tout sage, immortel et saint,
« c'est toi-même. Cet idéal de perfection est ton
« image épurée au miroir ardent de ta conscience.
« Dieu, la nature et l'homme sont le triple aspect
« de l'être un et identique; l'homme, c'est Dieu
« même arrivant à la conscience de soi par mille
« évolutions. En Jésus-Christ, l'homme s'est senti
« Dieu, et le Christianisme est vraiment la religion
« de Dieu homme. Il n'y a pas d'autre Dieu que
« celui qui, à l'origine, a dit *Moi,* il n'y a pas d'au-
« tre Dieu que toi. » (P.-J. Proudhon, *Système des
contradictions économiques.*)

C'est, dit-on, de l'anthropomorphisme, cette
figure d'un Dieu faite à l'image de l'homme ; elle
ne prouve pas son existence. Mais, tête dure,
voilà justement pourquoi nous croyons en Dieu,
c'est qu'il est notre personnalité spirituelle, idéa-
lisée, et qu'en faisant un retour sur nous-même,
nous pouvons ressembler pour ainsi dire au por-
trait que nous avons tracé des nobles facultés qui
sont l'objet ou la cause possible de notre moralisation. La morale est donc le but secret des religions : elle est la religion de l'humanité.

C'est tout le contraire que le spiritualisme pur
nous enseigne, qui, malgré la rédemption, proclame
encore notre déchéance par le péché originel. Il

nous dit « que nous ne sommes qu'un foyer de crapule, et péché dès le ventre de la mère, toujours sous l'inspiration du malin, etc., etc., et que nous ne pouvons faire une bonne action sans le secours de la grâce. » L'athée est matérialiste, il n'a pas non plus de principes de moralité pratique ; n'ayant rien idéalisé, il ne sent rien dans sa conscience, il est utilitaire, et sa morale reposera sur la crainte du garde-chiourme et du gendarme. Le théiste a la tête remplie de vide, il est idéologue et métaphysicien ; il ne sait pas non plus distinguer de nos facultés inférieures, nos facultés cérébrales supérieures ; il est fataliste, sensualiste, et n'ayant point de *criterium* pour guider ses passions, comme Heliogabale, il les déifie ; c'est ainsi que Lamartine a déifié l'amour adultère dans son livre de Raphaël.

Une société de spiritualistes, d'athées et de théistes, est sans lien moral, elle ne connaît que la force et la crainte pour discipline ; ne reconnaissant pas le principe de la perfectibilité intellectuelle de l'homme, elle est étrangère au sentiment de respect de la dignité personnelle et de la justice, elle n'a donc pas la religion de l'humanité.

## *L'enseignement de la morale dans les sociétés primitives.*

Au temps où parut le livre de Job, le dogme de l'immortalité de l'âme n'était pas encore pensé ou révélé. Les anciens, en tout remplis de la crainte des dieux, croyaient que les immortels tout-puissants, en nous révélant la loi morale, en avaient porté la *sanction en ce monde ;* que dans le cours de la vie même, nous recevions la récompense de nos vertus comme le châtiment temporel de nos fautes. Par cette croyance, l'homme éprouvait tout à la fois la crainte de mal faire, de désobéir ou de pécher contre la loi, et l'espoir de la félicité en ce monde à suivre les commandements. Ainsi, la crainte d'offenser le Dieu créateur et protecteur de qui nous étions redevables de la loi morale, imprimait à l'esprit le sentiment de respect, avec l'espoir de la récompense temporelle de notre fidélité. Tel était l'esprit du livre de Job, celui du droit divin ou du despotisme.

Dans cet état mental, les premiers sentiments de justice se formaient en nous, ainsi que la conscience, par la crainte d'offenser Dieu. Voilà tout l'enseignement de la morale dans l'antiquité. Le judaïsme est donc une religion tout à la fois anthropomorphique, matérialiste et métaphysique, où Dieu n'est que l'être humain amplifié. Il représente tout à la fois les premières manifestations de la conscience et de la force dans la barbarie primitive.

## De la perfectibilité intellectuelle et morale de l'homme.

L'enseignement moral aujourd'hui n'est plus dans la pratique, il n'existe qu'en théorie (1). Nous avons malheureusement appris par expérience que le spiritualisme pur ne nous moralise pas, au contraire, et qu'à ce point de vue, la garantie céleste est sujette à caution, et en considérant les

(1) Les dévots considèrent la pratique de la religion, bien plus comme une affaire d'intérêt spirituel ou de salut pour la vie éternelle, que comme une initiation à la loi morale. Ils oublient ce mot de Bossuet : « Le spirituel est donné au point de vue du temporel ». Mais nous, qui comme Job, ne croyons pas encore à l'immortalité de l'âme, nous considérons la religion juive comme la notion première et rudimentaire de l'éducation morale ; et nous pensons que toutes les religions sont un témoignage de l'intuition primitive du respect des personnes, du droit et du devoir, et de l'affirmation de la loi morale. Mais le dévot, qui n'a de religion que par crainte de l'enfer, ou qui pratique, dans le seul espoir d'obtenir le *paradis* dans l'autre monde, fait preuve d'égoïsme spirituel et n'est pas toujours dans la société, d'une dignité exemplaire, ni d'un désintéressement parfait. Je rappellerai à ces égoïstes, un mot sublime de sainte Thérèse d'Avila : « Je préfèrerais être en enfer sans

passions comme un obstacle à la vie parfaite, il est impuissant à les diriger. De même le sensualisme ou le matérialisme qui les exalte en est également incapable. En s'excluant l'un et l'autre, il nous laissent sans gouvernail, et le lien moral se relâche de plus en plus. Après toute négation et exclusion, nous demandons comment et quelle méthode servira à former l'éducation de la jeunesse, afin d'imprimer en elle le sentiment du respect de dignité personnelle, de bonté et de justice, qui sont la base de la morale et le sujet de notre bonheur?

Mais, observe le physiologiste : « Il y a chez l'homme des intelligences innées que nous nommons instincts » et qui servent aux manifestations des sens ou inclinations passionnels, et ces instincts, quoique conscients, sont comme involontaires, irrésistibles : c'est l'état de nature chez tous les êtres. Ces intelligences sont invariables, imprimées d'avance dans une organisation achevée, apportée toute faite en naissant, lesquelles paraissent destinées à la conservation et à la fixité de l'espèce. »

**péché que d'être devant mon Dieu avec un seul péché mortel. » Cette admirable visionnaire avait pour le temporel, le respect d'elle-même et le sentiment de la dignité personnelle, qu'hélas ! nous n'avons pas.**

« Il en est autrement des facultés intellectuelles supérieures ; les lobes cérébraux qui sont le siège de la conscience et des nobles facultés ne terminent leur développement chez l'homme et ne commencent à fonctionner qu'après la naissance. Si l'organisation cérébrale, dit Claude Bernard, eût été achevée chez le nouveau-né, l'intelligence supérieure eût été close comme les instincts, tandis qu'elle reste ouverte à tous les perfectionnements qui s'acquièrent par l'expérience de la vie. Il dit encore : pendant le jeune âge, le cerveau en voie de développement, est semblable à la cire molle, apte à recevoir les impressions qu'on lui communique. Plus tard, alors que l'organisation est plus avancée, les idées et les habitudes sont enracinées, et nous ne sommes plus maîtres de faire disparaître immédiatement les anciennes, ni d'en faire naître des nouvelles. »

En entendant les maîtres de la science nous dévoiler les secrets de la constitution de notre esprit, on est heureux de penser et de reconnaître la possibilité de la perfectibilité morale de l'espèce humaine, par l'homme lui-même, c'est-à-dire par la société et l'éducation qu'elle peut nous donner.

Il y a donc en nous des intelligences inférieures ou instincts innés, au service des sens, c'est-à-dire de nos inclinations passionnelles excitant notre sensibilité et les sentiments du cœur, et des intelligences supérieures qui ne s'acquièrent que par l'éducation, et servent à équilibrer les passions. On a donc eu raison de dire que l'homme est tout à la fois esprit et matière.

La physiologie nous enseigne donc, que les lobes cérébraux sont le siège de facultés sensuelles et spirituelles. Admettons par exemple qu'un enfant ait le sentiment de volonté personnelle développée jusqu'à la férocité. Si, dès la plus tendre enfance, vous avez su développer ceux de la sympathie, de la bonté, de la sensibilité, vous aurez pondéré le premier, en greffant dans les facultés supérieures, une force capable de réagir contre la violence de cette faculté inférieure. Et dans le cours de la vie, le sujet ainsi amélioré produira de meilleurs fruits.

Mais si les sentiments spirituels ou supérieurs ne se développent que par l'éducation et l'expérience de la vie, ou le milieu favorable à ce développement, tous les êtres n'ont pas eu au même instant cet avantage ou la même faveur. C'est cette expérience acquise et cette faveur que les anciens ont prise pour une révélation ou une grâce particulière d'en haut (réservée aux initiés comme par privilège), tandis que la masse croupissait dans l'ignorance et la barbarie.

Ce qui nous distingue des animaux, c'est que l'homme éduqué est maître de diriger ses penchants naturels et de les faire servir avec une juste mesure à la satisfaction légitime des sens (là est le principe de notre dignité) et de préparer pour l'avenir les jouissances de l'esprit et la paix du cœur, ce qui est le plus grand bien.

Aujourd'hui que les notions rudimentaires de l'éducation morale sont obscurcies, l'esprit du voyou (l'enfant mal élevé, comme dit le dictionnaire) gagne toutes les classes de la société. Cet enfant devenu homme, ayant atteint l'âge viril, donnera en haut l'exemple de toutes les corruptions, de tous les scandales dont nous sommes témoins aujourd'hui.

## La sanction morale.

Dans le cours de cette vie en ce monde, ainsi que le pensaient les anciens (qui ne croyaient pas encore à l'immortalité de l'âme), nous sommes punis ou récompensés de nos actions par l'effet qu'elles produisent sur nous-même et dans la société. Si nos penchants ne sont pas justifiés par un rapport de raison, de moralité et de justice, ils deviennent vicieux, désordonnés, et nous perdent. Celui qui ne sait ou ne peut sacrifier le plaisir d'un instant

à sa dignité personnelle, à sa réputation, à sa
santé ; celui qui n'a aucun respect humain, ne
jouit que d'un bonheur éphémère, et dans les rapports sociaux, il subira une existence tourmentée.
Le menteur est un lâche qui est toujours trompé,
une mauvaise pensée prépare pour l'avenir une
mauvaise action qui coûtera cher. L'homme qui
ne sait pas équilibrer ses passions et ses goûts, et
qui les exalte, perd son libre arbitre, et n'est plus
maître de lui ; et sans dignité, il tombe au-dessous de la brute. Bientôt, la société ou la nature
se chargeront de le punir dans sa liberté, dans
son esprit, et dans son corps pour avoir violé les
lois de la nature, de la justice et de la raison (1).

Si la passion légitime et civilisatrice de l'amour
n'est pas guidée par la justice et le respect de soi,
elle devient vicieuse ; l'homme luxurieux et lascif
affaiblit son esprit et s'abrutit ; et portant par ses
séductions le trouble dans les familles, il devient
criminel et ennemi de la société. Il peut bien se
ruiner en libéralités pour ses maîtresses, mais il
est trop faible d'esprit pour se fixer : il n'aspire

(1) Une vie courte et bonne, voilà la devise du viveur, et
la nature violée ne tardera pas à l'exécuter. Mais si la force du
tempérament résiste, au retour de l'âge, le temps qui amortit
les passions, ne peut déraciner le vice, et le vice, quoique
impuissant, fait du vieillard un monstre et quelquefois un
criminel.

pas aux joies de la famille, à la paternité. Trop égoïste pour donner à une femme le titre de Dame, il est comme *Satan*, il n'aime pas et n'est pas aimé, voilà la sanction morale ou les châtiments temporels.

### De l'éducation morale des enfants.

La métaphysique, en donnant toute latitude à notre imagination, a été à l'origine le stimulant de l'esprit et le point de départ des sciences qu'elle a remplies de merveilleux, de mystères et de superstitions. C'est ainsi que s'est formée l'astrologie, point de départ de l'astronomie; l'alchimie, de la chimie; la sorcellerie, la magie, celui des sciences physiques et le surnaturel pour l'éducation morale par la religion. Le libre examen et la raison pratique ou expérimentale ayant rejeté la métaphysique des sciences physiques, doivent également la rejeter et la bannir de l'éducation morale.

Mais, observe le moraliste, après avoir logiquement conservé avec la liberté les principes fondamentaux de l'économie des nations, et en avoir expurgé les abus, pourquoi ne suivez-vous plus la même méthode pour l'enseignement de la morale, et en excluez-vous la métaphysique, car l'abus d'un principe n'en ôte pas la valeur. Il y a de tout dans tout, et ce qui fait aujourd'hui l'impuissance des partis politiques et du socialisme, comme l'impuissance des moralistes, c'est qu'ils ne voient toujours qu'un côté des choses. La propriété a des abus, disent les communistes; supprimons la propriété. La métaphysique engendre les superstitions, observent les libres-penseurs; bannissons de l'enseignement moral la métaphysique et la religion. Il en est de même de la plupart des principes et des idées soumises à la logique ordinaire. C'est ainsi que se forme le doctrinarisme, les sectes, ce qui entrave le progrès, nous rend stationnaires et nous divise. Le philosophe ou le savant conserve les principes primitifs, les transforme et les améliore. Voilà le vrai rationalisme.

Vous n'avez pas assez remarqué, dit-il encore, que l'intelligence de l'enfant comme celle des sociétés primitives, commence à se développer par l'imagination et le merveilleux; elle est donc toute métaphysique. Pourquoi ne pas tenir compte de ce fait psychologique, et ne pas nous en servir comme d'un véhicule pour leur inculquer les notions rudimentaires de l'éducation. Les fictions poétiques qui embellissent l'esprit de l'homme, donnent toujours à l'enfance un reflet de naïveté et de candeur qui les rend si intéressants. C'est donc l'instant de profiter de la naïveté de leur esprit pour imprimer au cerveau en voie de formation les *sentiments* et les notions premières de la morale, afin d'équilibrer pour l'avenir leurs facultés intellectuelles avec les facultés sensuelles. Mais c'est le contraire qui a lieu, nous les poussons prématurément comme en serre chaude au rationalisme, et nous sommes glorieux de les voir avancés pour leur âge : nous ne nous apercevons pas qu'avec ce système, nous avons fait de nos enfants plutôt des roués que des espiègles. Aujourd'hui, la jeunesse a perdu prématurément sa naïveté. Elle est vieillote, et blasée avant d'avoir vécu.

On ne saurait mieux comparer le développement de l'intelligence chez l'homme au développement du germe embryonnaire, lequel (dans l'ovaire) passe successivement par diverses transformations avant d'arriver à la fixité.

La curiosité de l'enfant est sans bornes, mais la faiblesse de son esprit répugne aux définitions positives. S'il vous demande qui a fait le monde, le soleil, la lune, les étoiles, pouvez-vous lui répondre par des abstractions, sur les diverses transformations de la matière, sur l'origine des espèces, sur la transformation des germes, sur la mécanique

céleste, etc. Toutes choses auxquelles il ne peut
rien comprendre. Dans l'enseignement, le simple
précède le composé, le concret l'abstrait ; il en est
de même dans l'éducation morale de l'enfant.

Il est donc nécessaire, en répondant à leur curiosité d'en profiter, pour imprimer à leur esprit,
à l'aide du merveilleux et des fictions métaphysiques, les premières notions de la morale, en leur
inspirant le sentiment d'une crainte respectueuse,
d'une force première, créatrice, divine, ordonna-
trice, bienveillante, à laquelle nous sommes tous
redevables de la vie, et tous tenus d'obéir sous
peine d'être châtiés *en ce monde* de notre déso-
béissance, ou récompensés de notre docilité à
suivre les commandements. Voilà une sanction
morale supra-sociale qui aura prise sur leur imagination, les portera à l'obéissance et au respect
des parents, ce qui permettra de tempérer leur
égoïsme, beaucoup mieux que la crainte que nous
pouvons leur inspirer, en leur infligeant des châtiments corporels, qui finissent toujours par nous
aliéner leur sympathie (*hic*), ce qui les porte à se
méfier de nous, à nous désobéir et à nous détes-
ter. (Consulter Herbert Spencer : *De l'éducation
morale, intellectuelle et physique.*)

On pourrait, ajoute notre interlocuteur, me reprocher de fonder la morale sur la superstition, et

de préparer la restauration du fanatisme. Il n'en est rien, les plus grands génies ont tous commencé par être métaphysiciens ou religieux. C'est ainsi que s'est développé l'esprit philosophique. En nous conformant pour l'éducation morale aux évolutions naturelles de l'esprit, le moment venu, l'enfant aura jeté lui-même ses gourmes métaphysiques, et la puissance de son esprit prendra avec méthode son essor vers la vérité expérimentale.

Ce qui a perdu irrémédiablement, dans l'esprit public, l'enseignement de l'Eglise, c'est que les dogmes qu'elle proclame immuables, et qui sont la base de sa morale, sont en contradiction avec la science et l'expérience. De là se sont formées les railleries des libertins qui s'attachent surtout à discréditer sa pédagogie métaphysique, sans comprendre que cette méthode est utile, seulement comme principe initiateur de la première éducation. Qui oserait nier aujourd'hui que le libertinage n'affecte pas toutes les classes de la société? Ce qui est regrettable, c'est qu'aucune méthode laïque d'enseignement moral n'a encore remplacé l'Eglise pour l'éducation de l'enfance, sinon, du moins, l'imagerie d'Epinal et la bibliothèque rose.

## *L'éducation morale sur les genoux de la mère.*

Il termina sa narration, en citant un exemple d'éducation imagée et fictive, qui lui a été donnée dès la plus tendre enfance, et qu'il croit applicable au moment du développement des lobes cérébraux supérieurs, à seule fin d'y imprimer les sentiments d'affection et de bonté dont ils sont le siège.

Nous attachons trop d'importance à la précocité de l'intelligence rationnelle des enfants, sans nous apercevoir qu'ils sont tout d'abord de parfaits égoïstes ; et nous négligeons de développer en eux le principe contraire, l'altruisme. La sympathie, la tendresse, l'affection, la bonté, la pitié, sont aussi des sentiments sans lesquels l'homme le plus instruit et le plus intelligent, n'est moralement qu'un fruit sec.

Entendez-vous cette bonne mère de famille, dans un sentiment poétique de tendresse, d'amour maternel, donner les premières notions de l'éducation morale aux petits êtres qui l'écoutent. Du haut des cieux, le petit Jésus qui nous voit et qui sait toutes nos pensées, est un modèle de docilité, de bonté et d'obéissance. C'est la malice des petits garçons qui a fini par le faire mourir. Mais il vit au ciel. Il s'intéresse avec amour aux petits enfants, et demande à notre père commun de les faire grandir en sagesse et en esprit. Aussi j'aimais le petit Jésus, je compatissais à ce qu'il avait pu souffrir, et dans mes contrariétés, je me recommandais à lui. Quand je commettais des fautes, on me le présentait comme affligé de ma malice ; la pensée que je pouvais perdre son amitié ou le faire souffrir, me portait au repentir. Les larmes que je versais en embrassant ma mère, étaient la preuve de ma sincérité. O douce sanction, qui me portait à l'obéissance par l'amour, et par l'amour au repentir de mes fautes.

Si l'Eglise avait retenu dans son dogme de la sanction morale ses naïves pensées, en les élevant par degrés et selon l'âge, afin d'en pénétrer la conscience humaine, elle aurait conservé l'enseignement de la morale qui lui échappe. La pratique du bien par la joie intérieure qu'il nous donne, est la sanction rémunératrice, comme le repentir et la douleur que nous éprouvons de nos fautes, sont la sanction pénale, la seule efficace, celle qui nous ramène à la pratique du bien et de la vertu.

Pourquoi à la peine du DAM (privation de la vue béatifique de Dieu), l'Eglise a-t-elle ajouté la peine par les sens, les souffrances de l'enfer?

Cette atrocité d'un châtiment éternel a fait plus de tort à la morale de l'Eglise que tous les vices que nous reprochons à ses prêtres ». Les châtiments corporels, les peines infamantes que nous infligeons aux malfaiteurs, sont les restes de la barbarie, qui, au lieu d'amener les remords dans la conscience, endurcissent le cœur du coupable, et en font l'ennemi irréconciliable de la société.

Terminons ce paragraphe en disant que l'éducation des enfants est de tous les instants, et qu'on doit y travailler sans relâche; que le rôle de la femme comme mère éducatrice, n'est pas d'élever ses enfants pour elle-même, mais, comme Cornélie, de les former à l'amour du bien public et de la justice. On aime les enfants de deux manières : pour soi ou pour eux. La seconde façon d'aimer, assez rare aujourd'hui, consiste à les reprendre amicalement dans leurs fautes, et de leur donner toujours de bons exemples. Je n'embrasse jamais mes enfants que quand ils le méritent, me disait un jour une simple femme d'artisan. Et quand ils font des fautes, lui dis-je, quelle punition leur infligez-vous? Je pleure, répondit-elle. Tout l'enseignement maternel est là!

## *L'éducation morale à l'école primaire.*

Il y a urgence d'opérer une réforme dans l'enseignement de la morale, et dans ce sens on peut dire que le programme est insuffisant et presque nul. L'école primaire est la pépinière où se forment les jeunes générations. Pourquoi, dans le programme de l'instruction, ne réserverait-on pas une place dans l'école, à l'éducation morale, afin de former le caractère de la jeunesse?

Que l'Académie mette au concours et donne une prime au meilleur catéchisme de morale humaine. Les concurrents ne manqueront pas. Enseignez donc à nos enfants de l'école primaire à reconnaître leur propre dignité, à se respecter mutuellement, à ne point mentir, à être justes envers leurs camarades, respectueux envers leurs parents. Est-ce que la politesse n'est pas le commencement de la sagesse?

Montrez-leur, par des exemples qui frappent leur imagination, que l'absence de ces notions les rapproche des bêtes et les rend indignes.

Inspirez à ces jeunes âmes, l'affection, la pitié, la constance, d'où résultera la bonté, qui tempère l'égoïsme et surpasse même la justice, et dont le résultat moral est de nous donner la paix du cœur.

Elevez au-dessus d'elles-mêmes ces natures encore naïves, par des exemples où brillent le caractère, le courage, le dévouement. Parlez-leur de leur droit, et l'idée de justice leur donnera la notion du devoir, etc.

Prenez sur l'instruction ordinaire deux heures par semaine, et pratiquez cet enseignement par la méthode mutuelle, et vous verrez ces petits citoyens s'excitant les uns les autres, faire ressortir par les définitions anecdotiques de morale en action, le caractère naissant de leur dignité.

Rien n'offrirait un spectacle plus agréable que de voir ces petits moniteurs s'enseignant chacun à leur tour, dans leur section, et se stimulant pour l'obtention d'une médaille qui leur conférerait, pour un temps limité, un titre honorifique de leur caractère et de leur dignité.

Déjà on prépare à l'exercice des armes nos bataillons scolaires pour la défense nationale et la garde de nos foyers. Très bien. Mais cela ne suffit pas. L'idée de la défense nationale ou collective qui est le sublime idéal du soldat, et qui crée les héros, doit pour être effective, correspondre aussi à l'idée de la défense du droit personnel reposant sur le droit de la propriété individuelle accessible à tous. Autrement, le sentiment de la défense nationale est ou devient précaire. Quel idéal puis-

sant peut avoir une armée de prolétaires et de salariés, chargés de défendre la propriété du maître
qui l'exploite. D'autre part, quel héroïsme peut-on
encore attendre d'une armée d'ilotes chargée de
défendre les biens de la communauté qui les a
destitués de toute personnalité.

Apprenez à nos enfants qu'en défendant leur
droit et celui de la collectivité, l'homme de guerre
est plus grand que nature, parce qu'en se sacri-
fiant pour lui et les siens, il se dévoue aussi pour
la nation. Dites-leur que dans la carrière des armes, la vie du soldat est une vie de discipline,
parce qu'il faut savoir obéir ; une vie héroïque,
parce qu'ils affrontent les dangers de la mort ; et
une vie de sacrifices et de mutuel dévouement envers leurs frères d'armes. Rappelez des faits que
l'histoire a enregistrés, la mort du chevalier d'As-
sas, qui, tombé dans une embuscade et menacé
de mort s'il parle, s'écrie : « A moi, Auvergne ! »
et tombe aussitôt frappé par les baïonnettes. En
Egypte, Kléber relève le moral de son armée, qui,
harassée, exténuée sous un climat meurtrier,
abandonnait les malades et les blessés, il leur dit :
« Vous n'êtes donc plus des soldats. » « Comment, général, nous ne sommes *plus* des soldats.»
Et se découvrant, ils montrent les cicatrices de
leurs nombreuses blessures. Kléber leur répond :

« Quand le soldat a faim, il ne mange pas ; quand il a soif, il ne boit pas ; et quand il est exténué, il porte encore son camarade blessé. » Vive Kléber ! cria-t-on, et l'armée porta courageusement ses blessés. Courage, dévouement, abnégation, voilà la vie du soldat. Quelle dignité ! L'homme de guerre est donc plus grand que nature. Croyez-vous qu'en virilisant ainsi le caractère de nos écoliers, en leur coulant du fer dans les veines, vous ne les préparerez pas aussi par l'énergie à la vie civile, à devenir bons pères de famille, bons citoyens, et capables de revendiquer leurs droits.

Rappelez-vous, pédagogues, que l'idée de justice est plus forte chez les gamins que chez l'adulte ; que dans leurs jeux chacun commande à son tour, ou sinon les jeux cesseraient, et que c'est la réciprocité qui fait le droit. Souvenons-nous aussi que dans l'antiquité, comme aujourd'hui chez le sauvage, le caractère, la dignité et le courage sont plus accentués que chez les raffinés de notre civilisation.

Avant de terminer la troisième partie de notre travail, nous répétons qu'il est urgent, au sortir de l'enfance, de livrer avec *méthode* la première instruction au libre examen, et pour ainsi parler de laïciser l'éducation morale, en créant à cet effet des cours d'adultes, afin d'expliquer les symboles,

les mystères, qui sont formés de l'idée métaphysique, et qui ont une raison de haute moralité. Qu'en pensent messieurs de l'Académie des sciences morales, politiques et religieuses ? Hé bien, c'est ce que nous allons faire ici pour le mystère de l'Immaculée-Conception, cette figure symbolique et mystique de la dignité et de la moralité conjugale.

### Le mystère de l'Immaculée-Conception expliqué.

> Nous devons nous connaître tels que nous sommes. Or, il faut nous représenter tels que nous devons être.

La métaphysique a présidé à la formation des sciences, comme les mystères qui en sont la formule ont présidé à la formation de la morale. Puisque l'éthique n'a pas encore dépouillé l'involucre mystique, nous allons essayer de la déchirer, pour découvrir l'idée de l'immaculée conception, cette figure symbolique de la pudeur et de la pureté maternelles (1).

(1) On nous dit que nous allons soutenir un paradoxe; que la femme mère en cessant d'être vierge a perdu sa pureté. Qui dit cela ? Le spiritualisme, dont nos modernes libres penseurs se moquent sans s'apercevoir qu'en cette occasion ils sont encore imprégnés de cet esprit. I's croient qu'en retournant leurs

Voyez-vous cette jeune fille adolescente, incitée comme à son insu aux sentiments de l'amour, interrogeant sa mère sur le divin mystère. Que répondra une mère digne, pure et sage? « Ma fille, nous désirons d'abord le mariage par le sentiment naturel de l'amour, mais la raison et l'expérience nous enseignent qu'il y a dans cette inclination toute matérielle quelque chose que le cœur ne dit pas ; c'est que l'homme et la femme sont destinés par le mariage, à accomplir l'acte de moralité le plus important de la vie ; le rapprochement des cœurs est commun à tous les êtres animés, et ne produit qu'un bonheur matériel qui s'affaiblit et quelquefois disparaît par la possession même, et laisse l'âme vide.

Le mariage est le contrat solennel qui va témoigner de l'unité spirituelle de deux âmes pour ne former qu'une seule et unique personnalité. Et les conjoints en prenant à témoin la société de leurs mutuels engagements de dévouément et de fidélité éprouvent déjà un sentiment de dignité et de félicité spirituelle, qui les élève au-dessus d'eux-mêmes et leur inspire l'idéal de la famille. Alors l'amour parfait et indissoluble est constitué.

chemises, ils ont changé de linge. Eh! bien, nous allons à l'aide du libre examen, montrer que la même action peut être pure ou impure, vice ou vertu, selon l'idéal qui l'inspire.

L'amour charnel est transformé et justifié avant d'être réalisé : l'idée de la paternité et de la maternité l'a sanctifié. « Ah! si nous avions des enfants, disent les jeunes époux. »

La femme véritablement aimante, est celle qui a le culte de la famille ; elle en impose à sa nature, elle est transfigurée et l'être à qui elle donnera le jour sera « le *Divin Enfant* ». Dans cet idéal nouveau, la mère est plus digne que la vierge : elle arrêtera la fougue de l'homme et lui imposera le respect. Voilà, ô ma fille, les raisons qui doivent modifier en toi les premiers penchants de l'amour, afin de les justifier par un idéal supérieur, le sentiment de la famille, qui nous porte à aimer nos enfants plus que nous-mêmes.

Enfin, si, jeune fille, on peut pécher par un acte de simple désir, jeune femme, tu légitimeras ce désir par l'idéal de la famille et le dévouement à tes enfants. Souviens-toi que l'amour charnel, idéalisé dans le mariage, n'est plus que la prostitution légale (1).

(1) Ce qu'il y a de triste dans la décadence actuelle des mœurs, c'est que l'idéal des jouissances matérielles nous fait perdre de plus en plus les sentiments de la famille. Si nous n'avions pas d'enfants, disent cyniquement les jeunes époux. Déjà la statistique constate la décroissance de la population. Dans deux cents ans, la Gaule ne sera peuplée que de Cimbres et de Teutons qui nous envahissent paisiblement chaque jour.

A cette hauteur, nous pouvons dire que la
femme est digne et pure, et qu'elle a conçu sans
péché. Telle est selon nous la signification spirituelle du mystère de l'Immaculée-Conception. La
vierge-mère est donc le symbole mystérieux de la
pureté maternelle, un idéal dont l'Eglise a eu l'intuition spirituelle, mais sans savoir en faire l'application pratique pour le temporel, à la morale
conjugale.

## Le sentiment de la dignité personnelle chez les anciens.

Voltaire a dit : je ne me croirais pas en sûreté
dans un village d'athées, car si un habitant avait
intérêt à me tuer, il le ferait sans scrupule. Sans
doute, répond le théologien, la crainte de Dieu est
le frein nécessaire pour arrêter l'inclination naturelle de l'homme à faire le mal.

Mais, réplique le philosophe, Dieu est une conception métaphysique indémontrable, un X éternel.
Et il arrive dans la vie de l'homme un instant où
le libre examen amène le doute, même la négation ;
alors l'homme tombe dans l'athéisme. Il lui faut
alors une force de caractère suffisante, donnée par
une éducation virile, pour rester juste; mais l'é-
ducation virile est l'exception, et l'exception ne

fait pas la règle. Dans la généralité, la morale qui reposait sur la foi et la crainte de Dieu n'existant plus, la société ressemble au village, que Voltaire redoutait. Ne voyons-nous pas aujourd'hui par la statistique des crimes et des délits, que les lois civiles sont impuissantes à empêcher le mal et à arrêter la dépravation croissante dans la société. Quand l'individu n'a pas acquis par l'éducation les principes qui forment les caractères, nous sommes forcés de dire que si, dans l'état d'infériorité bestiale où il vit, il a, pour satisfaire ses passions, l'idée de séduire la femme ou la fille de son ami, il le fera ; de même, pour satisfaire son ambition, s'il a intérêt à tuer le mandarin, il le fera encore.

Mais, observe le moraliste, il y a un principe, une force préventive, coercitive, toute morale, ce sont les sentiments de dignité et du respect de nous-même qui nous portent à les reconnaître en autrui, et ces sentiments sont immanents en nous, mais ne se développent que par l'éducation que l'on donne à la jeunesse, et ces principes imprimés, enracinés dans notre esprit (ou comme aurait dit Claude Bernard, dans les lobes cérébraux supérieurs), serviraient efficacement et bien mieux que la crainte de Dieu ou du gendarme à maîtriser nos mauvais instincts. Ici, M. Dumas fils pourrait bien dire encore de toutes les vertus, de la dignité personnelle et de la chasteté en particulier, ce qu'il a dit de l'amour paternel et maternel : « Si la nature ne nous l'a pas donnée, nous ne la possédons pas et rien ne peut nous la donner ». Hé bien, nous lui opposons les trois cents ans de fidélité conjugale qu'il rappelle de la Rome républicaine, et nous lui demandons qui a créé cette force de caractère chez les Romains ?

Chez les Romains, le mari avait le droit de renvoyer sa femme, et on remarque, dit P.-J. Proudhon, que sous la République à Rome, pendant 520 ans, pas un adultère, pas une séparation n'ont été officiellement constatés. Le foyer était inviolable et sacré, la femme honorée de son époux lui était dévouée jusqu'à sacrifier sa vie ; il en était de même pour sa dignité. Un attentat à la pudeur et aux mœurs causait une révolution. Le suicide de Lucrèce amène la chute des Tarquins : tout comme la mort tragique de Virginie, celle des Décemvirs. Tu te prépares à souffrir, dit Porcie à Brutus, qui conspire contre la Royauté, et moi je me prépare à mourir. Jamais non plus le Romain ne résistait à la perte de sa dignité. Commettre une mauvaise action contre son prochain, c'est être indigne, et la perte de sa dignité lui était plus sensible que la perte de la vie.

### Conclusion de paragraphe.

On croit rêver en comparant les mœurs de l'antiquité païenne avec les lâchetés qui se commettent aujourd'hui. Qu'est-ce donc qui créa cette valeur morale des Romains de la République ? Ce n'était pas la crainte des dieux, qu'ils avaient créés à leur image, mais seulement le sentiment intérieur, et l'idéal constant du respect d'eux-mêmes, et de la dignité des personnes que le christianisme a niée et assimilée à l'orgueil.

« Le paganisme, dit encore Proudhon, a fait l'homme digne, le christianisme n'a fait que le bonhomme (mais sans caractère). La Révolution doit faire l'homme juste ».

Dignité, bonté, justice, aurait dit l'auteur du livre *De la sagesse*, sont les trois pièces *inséparables* qui composent le harnais moral, sans lesquels le char de la civilisation reste dans l'ornière, et finit par disparaître dans l'abîme. En effet, la dignité sans justice a perdu la civilisation païenne ; de même que la bonté sans dignité a perdu la civilisation chrétienne.

### *Nécessité de reviser le concordat.*

Puisque nous avons perdu les principes élémentaires de la plus vulgaire morale, et que nous nous démoralisons de plus en plus, le législateur philosophe a pour mission de reconstituer cet enseignement sur des bases rationnelles, attendu que l'Eglise qui est chargée de cet enseignement est impuissante avec son dogme à le réaliser effectivement.

N'ayant pas séparé les Eglises de l'Etat, il est nécessaire de réformer le concordat qui a été destiné à pondérer le spirituel, afin de le relier implicitement au temporel, et d'y ajouter un article additionnel au sujet de l'éducation morale, afin d'obliger le clergé (que nous payons), après avoir enseigné le dogme pour le premier âge, à enseigner la morale naturelle à l'adulte.

### ARTICLE ADDITIONNEL.

1° L'enseignement de la morale au premier degré sera religieux, c'est-à-dire symbolique, mystique ou métaphysique, afin d'éveiller et de fixer l'attention de l'enfant à l'aide du merveilleux, qui a seul prise sur son imagination naissante, et pour lui inspirer une crainte respectueuse de ses supérieurs, et d'*imprimer* dans son esprit les notions rudimentaires de la morale ; 2° au second degré, l'enseignement consistera à montrer que l'idéal divin est une conception métaphysique de l'entendement, une représentation de nos facultés supérieures : le respect de nous-même, la conscience, la dignité, la bonté et la justice qui sont immanentes en nous, et que le développement de ces nobles facultés a pour but d'équilibrer et de pondérer nos basses facultés, afin de dépouiller le vieil homme des sentiments spontanés de la bestialité primitive. Ainsi, se trouveront déchirés les voiles mystérieux et la coquille métaphysique qui ont servi d'éclosion à nos facultés supérieures. Au troisième degré de l'éducation, l'enseignement comportera des exemples de morale en action, de courage, de dévouement et d'abnégation dans la jeunesse et dans l'âge viril; et à montrer une sanction morale dans la pratique de nos vertus par les récompenses de la félicité temporelle et les joies de l'esprit, comme dans les peines et les tourments que la dégradation et le vice engendrent.


FIN.

# ERRATA

Page 111, ligne 9,  au lieu de : *c'est user de l'usure*, lire
*c'est user, de là le mot usure*.

112  — 13,  au lieu de : *sous* le secours du numéraire, lire : *sans* le secours du
numéraire.

113  — 24,  au lieu de : *laquelle est avec les plaies*,
lire : *laquelle est comme les plaies
d'Egypte*, le plus grand fléau de
l'humanité.

120  — 15,  au lieu de : *91.250 millions*, lire :
*91.250 actions*.

# TABLE DES MATIÈRES

BAR-SUR-SEINE. — IMP. SAILLARD.